한 번은 원하는
인생을 살아라

카이스트 윤태성 교수가 말하는 나를 위한 다섯 가지 용기

한 번은 원하는 인생을 살아라

윤태성 지음

다산북스

차례

프롤로그   인생에는 답이 있다 • 8

PART 1
흔들리지 않을 용기
나만 이렇게 돈 벌어먹고 살기가 힘든 걸까?

1   지금 하는 일이 내 일이 맞나? • 022
2   나는 왜 오너를 위해서 일하기 싫은가? • 028
3   이 일을 평생 할 것인가? • 033
4   나는 왜 이렇게 끈기가 없을까? • 038
5   왜 쉬는 날까지 일 생각이 날까? • 046
6   지금 저 말은 어떤 뜻일까? • 052
7   나는 왜 상사 복이 없을까? • 056
8   '갑질' 한번 안 당해본 사람이 있을까? • 061
9   을은 항상 희생자인가? • 067
10 팀 리더가 가장 나이가 어리면 불편한가? • 073
11 왜 내가 말만 하면 다들 부정할까? • 079
12 나는 왜 항상 바쁜 걸까? • 084
13 그렇게 비판적 시각으로 볼 필요가 있을까? • 089
14 나는 왜 사소한 말 한마디에도 무너지는가? • 096
15 나는 왜 다른 사람 앞에만 서면 떨릴까? • 102
16 나에게는 승진만이 살 길인가? • 108

PART 2
내 삶을 원하는 대로 디자인할 용기
불안한 내 장래를 어떻게 해야 할까?

- 17 끝이 좋으면 과정은 필요 없는 걸까? • 120
- 18 나는 누구인가? • 131
- 19 나는 어떤 사람이 되어야 하나? • 137
- 20 당장 내일도 모르는데 미래를 생각하라고? • 145
- 21 내 인생의 목표는 하나면 충분하지 않나? • 151
- 22 나의 미래는 이미 정해진 것이 아닐까? • 155
- 23 출발이 이미 늦은 건 아닐까? • 162
- 24 나의 미래를 얼마나 멀리까지 생각해야 될까? • 169
- 25 좋은 인생을 살려면 롤 모델이 필요한가? • 175
- 26 아무리 미래를 설계해도 실현되지 않으면 의미가 있을까? • 182
- 27 커리어를 미리 그려보면 잘 살 수 있나? • 188

PART 3
한 번쯤 방황할 용기
나만 제자리인 걸까?

28 잘 시간도 부족한데 언제 공부하나? • 200
29 리더는 입으로 일하나? • 207
30 나는 왜 슬럼프에 빠지면 헤어나질 못할까? • 212
31 만약 20대로 되돌아간다면 무얼 할까? • 216
32 어떤 것이 성공한 커리어인가? • 222
33 나는 왜 완벽을 추구할까? • 228
34 은퇴한 후에는 무엇을 할까? • 233

PART 4
행복을 선택할 용기
내가 만족할 수 있는 회사는 어디일까?

35 좋은 회사를 한눈에 알아볼 수 있을까? • 248
36 일단 대기업부터 지원하는 게 맞나? • 252
37 하고 싶은 일과 잘하는 일 중에서 무엇을 할까? • 260
38 연봉을 좇는 게 잘못인가? • 268
39 남들과 어떻게 차별화하나? • 278
40 일과 육아, 둘 다 성공할 수는 없을까? • 282

PART 5
더 큰 세상을 펼칠 용기
만약 내가 창업을 하면 어떨까?

41 마음대로 되지 않는 현실에 좌절감을 느끼면? • 296
42 좋은 아이디어는 어떻게 만들까? • 304
43 나는 왜 질문을 못할까? • 311
44 창업을 하려는데 동업은 위험한가? • 318
45 외국에서 창업하는 것도 가능할까? • 324
46 나에게 기술이 없어도 창업이 가능한가? • 328
47 창업을 했는데 후회가 된다면? • 337

에필로그   우선 나는 약한 자라는 것을 인정하자 • 342

프롤로그

인생에는

답이 있다

　　우리네 인생을 흔히들 산에 비유한다. 남들 따라 힘들게 산에 올랐더니 어느새 해는 기울고 제대로 정상을 즐기기도 전에 하산하게 된다는 것이다. 내가 오른 산을 스스로 정한 것도 아니고 그 산을 내가 즐긴 것도 아니다. 그저 살다 보니 그 산을 오르게 되었고 무심코 산을 오르다 보니 어느새 산을 내려올 뿐이다.
　　그러나 사실 인생은 하나의 산이 아니라 몇 개의 산으로 이루어진 산맥이다. 일생 동안 몇 개의 산을 오르고 또 내려와야 한다. 그러니 그중에서 한 번쯤은 내가 오르고 싶은 산에 올라야 한다. 정상에 오르지 못해도 좋다. 단지 내가 오르고 싶어서 올라가는 산이 하나쯤 있다는 사실만으로도 우리 인생은 행복할 수 있기 때문이다.

　많은 사람들이 직장이나 직업을 선택할 때 꿈이나 열정을 강조하며 연봉만을 좇지 말라고 말한다. 그러나 개인의 입장에서 보면 현실적으로 연봉이 가장 먼저, 그리고 가장 크게 보이는 것이 사실이다. 연봉을 중요 순위로 두는 것이 큰 잘못일까?
　연봉은 자존심이다. 만약 연봉이 아닌 다른 가치로 나의 자존심이 충족된다면 연봉이 가장 중요한 요소가 아닐 수도 있다. 하지만 대다수는 월급을 받아 살아가는 사람들이다. 연봉도 중요하고 자신의 열정도 중요한 이 시대에서 생존해 나가려면 자연히 고민이 많아진다. 그래서 혼자서 고민하다가 슬며시 다른 사람의 경험을 묻기도 한다. 이런 고민에 명확한 답을 내리는 것은 정말 어렵다. 이렇게 외부에서 답을 구해야 하는 배경을 생각하면 내 가슴이 답답해진다. 어디서부터 어떻게 시작하는 게 옳을까.

　이 책은 이 시대를 함께 살아가는 사람들과 나누고 싶은 내용을 정리한 것이다. 교수로서 미래를 고민하는 청년들에게 나의 경험을 담아 답해준 내용을 위주로 책을 구성했기 때문에 자연히 나의 지난날에 관한 이야기도 많이 담겨 있다.

나는 학교를 졸업한 후 두산그룹에 취업했다. 그로부터 7년간 두산기계에서 생산관리 업무를 담당했지만 서른둘이 되던 해, 큰마음을 먹고 회사를 사직했다. 도쿄대로 유학을 가기 위해서였다. 긴 공부 끝에 박사학위를 취득하고 나서는 도쿄대에서 근무했으나 정년이 보장된 교수직을 다시 사직했다. 그러고는 마흔둘에 도쿄에서 소프트웨어 벤처를 창업했다. 벤처는 그 이후로 10년 동안 경영했으며 지금은 20년의 외국 생활을 정리하고 귀국해서 카이스트에서 교수로 근무하고 있다. 그동안 일본, 헝가리 등 다양한 나라를 경험했고 사원, 벤처 경영자, 교수, 연구원, 유학생으로 살았다.

이렇게 겪은 다양한 경험 중에는 지금의 청년들에게 전하고 싶은 이야기가 많이 있다. 나는 평소에 학생들과 내 이야기를 토대로 많은 대화를 나누곤 했다. 이 책은 청년들의 질문에서 시작되어 나의 답변을 정리해 완성되었다. 질문 속에는 사회의 일원으로 살아가는 사람들이 무엇을 고민하는지가 생생하게 담겨 있다. 같은 질문에 얼마든지 다른 답변이 있을 수 있지만 최대한 나의 삶을 비추어 성심성의껏 대답하려고 노력했다.

이 책은 회사생활에 대한 이야기부터 시작한다. 지금 청년들에게 당면한 가장 큰 문제가 '일을 시작하며 겪는 갈등'에 있기 때문이다. 그러고 나서 커리어 디자인, 만족할 수 있는 직장, 창업 등 우리가 앞으로 나아가야 할 것들에 대해 차근차근 풀어놓았다.

고민이란 언제나 당사자에게는 절실하지만 다른 사람에게는 크게 의미가 없다. 그러나 다른 사람의 고민을 엿보는 그 자체로 위안이 되기도 한다.
'아, 다른 사람도 나와 비슷한 고민을 하는구나. 나의 고민이 유별난 것은 아니었구나.'
이렇게 생각하면 왠지 안심이 된다. 이 책에서 이와 비슷한 위로를 얻을지도 모르겠다.

인생에는 답이 없다고들 한다. 그러나 인생에는 답이 있어야 한다. 다만 인생의 답은 사람마다 다르기 때문에 정답은 내가 정해야 한다. 또한 내 인생의 채점자는 나 자신이어야 한다. 인생의 막다른 길에 섰을 때 스스로의 인생을 채점해서 행복했다고 생각한다면 정답을 맞힌 것이다. 커리어 디자인은 내 인생의 답을 찾기 위한 노력이다. 고민만 하는 게 아니라 나아갈 수 있는 생각을 하기 위한 수단이다.

우리 스스로 인생산맥을 만들어가기 위한 과정이다. 우리는 모두 한 번뿐인 인생을 원하는 대로 살 용기를 가져야 한다.

이 책을 계기로 자신의 본능과 능력을 끌어내 모두가 원하는 인생을 디자인해가길 바란다.

윤태성

PART **1**

흔들리지 않을

용기

나만

이렇게

돈 벌어먹고 살기가

힘든 걸까?

"왜 이렇게 돈 벌어먹고 살기가 힘들까?"

월급쟁이라면 이 말 한마디에 누구나 한숨을 쉬며 공감할 것이다. 굳이 사정을 다 듣지 않아도 이 사람이 힘든 시간을 보내고 있다는 걸 짐작할 수 있다. 월급쟁이의 마음은 월급쟁이가 가장 잘 안다. 되돌아보니 나는 처음 면접을 본 날부터 월급쟁이였다.

서울 을지로에 있는 두산그룹 본사빌딩에서 그룹 회장과의 일대일 면접을 마친 어느 날, 나는 서점에 들러 영문 시사 주간지 「뉴스위크」를 샀다. 대학에서도 「뉴스위크」를 보기는 했지만 당시에는 그저 영어공부를 위한 교재로 읽은 것이었다. 요즘처럼 취업을 위한 스펙 쌓기가 치열하지는 않았지만 그 시절에도 대학생에게 영어공부는 중요했기에 「뉴스위크」를 세로로 반을 접어 바지 뒷주머니에 꽂고 다니는 취업 준비생이 많았다.

면접이 끝나고 입사가 확정되고 나니 이제부터 월급쟁이로서의 품위와 지성을 유지하고 지적 수준을 올려야 하는 게 아닐까 하는 생각이 들었다. 사회인이 되려면 국제정세, 경제상황 등을 아는 건 기본 아닌가. 이렇게 마음을 먹으니 갑자기 내가 너무 훌륭하게 생각되었다.

그런데 면접일 이후로 두어 번 더 「뉴스위크」를 사다가 더 이상은 사지 않았다. 억지로 습관을 들이려고 해도 마음대로 되지 않았다. 수준이라는 건 역시 하루아침에 올라가는 것은 아니었다. 취업을 하고 나니 치열하게 영어공부를 하던 열정도 사그라진 것 같았다. 그리고 얼마 후, 회사에 들어가고 나서 보니 학생 시절보다 훨씬 혹독한 공부가 기다리고 있었다.

두산그룹에 채용되고 나서 신입사원 연수를 받았다. 연수 후에는 지망하는 회사를 적었고 나는 두산기계에 배치되었다. 그래서 나의 첫 직장은 두산기계다. 이름 그대로 기계류를 제조하는 회사다. 회사에 처음 출근한 날의 기억은 아직도 생생하다. 수원 근교에 있는 공장이었다. 출근해서 개인용품을 지급받았다. 상·하의 작업복, 안전구두, 안전모, 안전장갑. 기껏 입고 갔던 양복을 벗어서 개인 사물함에 넣고는 작업복으로 갈아입었다. 그리고 회의실에 모였다. 신입사원은 나를 포함해서 10여 명 정도였다.

첫 시간에 오리엔테이션을 한 사람은 인사과장이었다. 첫 시간부터 나는 충격을 받았다. "회사에는 정해진 출근시간보다 30분 일찍 와야 하며 만약 근무시간 중에 외출하려면 반드시 외출증에 상사의 도장을 받아야 하며……." 아직 학생티를 벗지 못한 나는 내가 지금 있는 곳이 회사인지 교도소인지 구분하기 어려웠다. 나만 그랬던 것은 아닐 것이다. 누구나 처음에는 회사생활에 대한 판타지가 있기 때문이다.

취업하기 전에는 취업한 선배의 이야기나 드라마를 통해서 회사의 피상적인 면을 접한다. 이야기 속의 주인공은 굉장히 훌륭한 일을 하는 멋진 사회인이다. 하얀 와이셔츠의 소매를 반쯤 걷어붙이고 남들이 다 불가능하다고 포기한 일에 끈질기게 도전해서 마침내 그 일을 성사시킨다. 내 선배들도 침을 튀기며 그렇게 말했다. "내가 없으면 우리 부서는 그날로 끝장이야."

사실 그룹 연수원에서 연수를 받을 때까지도 이런 이미지가 머릿속에 남아 있었다. 그 당시 두산그룹의 주력사업은 맥주를 포함한 식음료업이었다. 그래서 연수원에서 오리엔테이션을 했던 강사들도 대부분 화이트 칼라였다. 강사들은 한창 강의에 열중하다가 양복저고리를 벗고 하얀 와이셔츠의 소매를 걷어붙이곤 했다. 이런 모습은 마치 미래의 내 모습 같았다. 그런데 막상 기계회사에 배치를 받고 나서 보니 하얀 와이셔츠를 입은 사람은 인사과장 정도였다. 나머지는 다 작업복 차림인데 여기저기 기름때가 줄줄 흘렀다. 이런 사람들이 연달아 신입사원 오리엔테이션의 강사로 들어왔다. 이런 회사 모습에 나는 충격을 받았지만 그래도 사표를 내지는 않았다. 함께 입사했던 동기 한 명은 배치 후 일주일 만에 사표를 냈다. 다른 일을 하겠다면서.

이런 과정을 거쳐서 마침내 처음으로 정식 부서에 배치를 받았다. 나는 대리직급의 사원과 같은 팀이 되었다. 일은 어려웠지만 시간이 지나면서 조금씩 재미있어졌다. 지식이 생기니 일하는 맛도 늘어갔다. 그러나 업무시간이 너무 긴 것은 항상 불만이었다. 그때는 토요일도 근무하던 시절이었으니 일요일에만 쉴 수 있는데도 불구하고 대부분의 사원들이 일요일에도 출근을 했다. 당시 한 상사가 이런 말을 했다. "어느 날 보니까 큰 아들이 재수를 하고 있더라." 아들이 재수를 하는지도 모르고 아버지는 매일 출근해서 밤까지 일을 한 것이다.

김현승 시인은 '아버지가 마시는 술잔의 절반은 눈물'이라고 노래했다. 자식들은 아버지가 매일 술을 마신다고 뭐라 한다. 그러나 아버지는 술이 아니라 눈물을 마시고 있는 거다. "니들이 술맛을 알아?"라고들 한다. 사실 이 말은 "니들이 눈물을 알아?"와 같은 의미다.

회사에 있는 시간이 길다 보니 집에 잠깐 다녀오는 사람은 있어도 집으로 퇴근하는 사람은 없었다. 마치 누가 더 회사에 오래 있는지 경쟁하는 것 같았다. 혹시 청문회에 나간다면 등록한 주소지에 살지 않고 회사에서 살기 때문에 주민등록법 위반이라고 할 지경이었다.

이런 모습을 보면서 나는 고민이 생겼다. '평생 이렇게 일을 하며 사는 게 과연 내가 원하던 삶일까?' 완벽히 회사 인간이 되어버린 선배들을 보면서 고민이 됐다. 아직 사회의 맛을 제대로 보지 못한 나이였기에 더욱 그랬을 것이다.

회사를 다니는 나의 모습은 '회사를 위해서' 그리고 '오너를 위해서' 고용된 하나의 부품 같았다. 내가 세상에서 어떤 역할을 하며 살아가야 하는지를 고민할 새도 없이 그저 출근하고 일하고 퇴근하는 생활을 일주일 내내, 한 달 내내 반복하고 있었다.

그때 그 시절, 내가 가장 많이 들은 말은 업무를 체계적으로 배우기보다 우선 몸으로 익히라는 말이었다. 선배의 노하우는 훔치는 거라고도 했다. 그래서 밤낮없이 회사에서 일을 했다. 아무것도 몰라서 헤맸던 직장생활, 고민도 많았다. 동시에 처음으로 돈을 번다는 생각에 스스로 대견스럽기도 했다. 하지만 점차 빠져드는 매너리즘을 막기엔 역부족이었다.

01

지금 하는 일이
내 일이 맞나?

신입사원인데 배정받은 부서가 저하고 맞지 않습니다. 다른 부서로 옮기려고 한 적도 있으나 결과적으로 상사와의 관계는 틀어지고 다른 부서로 이동도 하지 못해서 오히려 힘든 시간을 보내고 있습니다. 저는 앞으로 어떻게 하면 좋을까요?

업무에서는 형식을 우선한다

월급쟁이의 일이란 게 그렇다. 내 계획대로 흘러가는 법이 없다. 나도 회사에서 제조현장의 생산관리 업무를 담당한 적이 있다. 제조기업에서는 설계도면이 작성되면 이를 바탕으로 자재를 구입하고, 구입한 자재는 기계가공이나 제조공정을 거쳐 제품으로 완성된다. 이 과정에는 사람, 기계, 자재, 비용이 필요한데 이를 합리적으로 관리해서 생산성을 높이는 것이 생산관리직의 주요 업무다. 그러다 보니 업무를 수행할 때 많은 양식과 체크항목이 필요하다.

당시 나는 회사에서 부여받은 업무를 통해 무언가를 얻기 위해 일을 크게 두 가지로 구분했다. 만약 내가 언젠가 인형이나 음료수를 제조하는 기업으로 전직해서 생산관리 업무를 하게 되더라도 지금 배우는 업무 내용을 공통으로 적용할 수 있게 하기 위해 우리 회사에서만 적용되는 내용과 타 제품을 제조하는 곳에서도 적용될 수 있는 내용을 구분했다. 이런 노력을 하다 보니 업무의 본질을 좀 더 자세히 이해할 수 있었다. 말하자면 '형식'을 익히기 위해 노력한 것이다.

그 후로도 새로운 업무를 맡게 되면 우선 그 일에 필요한 형식을 확인하는 습관이 생겼다. 어떤 일이든지 그 일에 어울리는 형식이 있게 마련이다. 그것을 완전히 이해하려면 반복이 필요하다. 형식을 완전히 이해하고 나면 그 일에 대한 이해가 깊어지고 마침내 일의 본질을 깨닫게 된다. 그러면 새로운 형식을 고안할 수 있다. 형식을 통해서 일에 대한 지식이 깊어진다.

흔히들 배려가 중요하다고 말한다. 특히 서비스업에서는 고객을 배려하는 것이 중요하다고 강조한다. 그러나 더 중요한 것이 서비스업에 어울리는 형식이다. 예를 들어 고객을 배려해서 반찬을 넉넉히 준다고 해도 음식을 담은 그릇이 만약 깨진 그릇이라면 어떨까? 이런 것이 형식이다. 형식을 완벽하게 갖추는 것이 고객에 대한 예의다. 사람을 대할 때도 마찬가지다. 아무리 친한 사이라고 해도 흐트러진 복장에 더러운 행색을 하고 만난다면 상대에 대한 실례다.

비즈니스에서도 먼저 상대 기업에 대한 '형식'을 갖추는 것이 중요하다.

영화에서 무술을 연마하는 장면을 보면 주인공은 같은 자세를 수백 번 수천 번 반복하지 않는가? 프로야구 선수도 타석에 들어서기 전에 스윙 자세를 몇 번이고 반복한다. 완벽하지 않다 싶으면 심지어 타석에 있다가도 밖으로 나와서 스윙 연습을 한다. 아무리 그 일로 밥을 먹고사는 사람이라도 역시 반복을 통해서 연습하지 않으면 완벽히 내 것이 되지 않는다.

처음으로 기업에 입사한 사람이라면 대부분 입사 후 얼마 지나지 않아서 현실의 충격을 몸소 느끼게 된다. 마치 연애와 결혼이 다른 것과 비슷하다. 입사하기 전에 머리로만 상상하던 업무는 현실과 큰 차이가 있다. 나도 입사한 첫날 회사가 감옥같이 느껴졌다.

이러한 이론과 현실 사이의 괴리를 메우는 것이 업무다. 일을 잘하고자 하는 확실한 동기가 생긴다면 현실의 충격은 일하는 즐거움으로 변한다. 이때 주변의 선배나 상사가 신입사원의 의견을 잘 들어주는 것이 중요하다.

신입사원이 가장 먼저 습득해야 할 것은 바로 일의 형식이다. 일의 내용이나 수준은 형식을 익힌 다음에 생각해도 된다. 그러므로 선배나 상사가 들어주어야 하는 말은 단순히 신입사원의 신세타령이 아니다. 일의 형식을 중심으로 무엇이 어려운지를 들어주어야 한다. 그리고 문제가 있다면 함께 고민하고 이를 해결해야 한다. 퇴근 후 술을 사준다고 해서 신입사원과 소통하는 것이 아니다. 특히 그저 열심히 하라고만 하거나 요즘 신입사원은 참을성이 없다고 비난하는 것은 문제 해결에 전혀 도움이 되지 않는다.

현실의 충격을 이겨내지 못하고 선배나 상사의 배려도 받지 못한 신입사원은 단기간에 퇴사할 가능성이 높다. 물론 그중에는 가고 싶었던 기업에 취업하지 못하고 그저 받아주는 기업에 취업해서 적응하지 못한 사람도 있을 것이다. 그러나 현실의 충격을 이기지 못하고 사직하는 사람도 그에 못지않게 많다. 기업에 취업하려면 몇 달 몇 년을 준비해야 하지만 사직서를 내는 데는 하루도 걸리지 않는다.

그러므로 새로운 사람이 새로운 업무에 적응하기 위해서는 신입사원 스스로의 노력만이 아니라 선배나 상사의 배려 또한 중요하다.

신입사원의 입장에서 만약 계속 회사를 다니려고 결심했다면 적어도 이 두 가지를 고려해야 한다. 첫째, 회사에서 나의 가치를 어디에 두는지를 알고 있어야 한다. 회사에서 생각하는 나의 가치가 기업 경쟁력의 핵심적인 일이 아니라도 상관없다. 아무리 사소한 일이라도 회사에 반드시 필요한 일이라면 나는 전문가로서 직장생활을 무리 없이 해낼 수 있다. 둘째, 업무에 필요한 능력을 습득해야 한다. 사물을 다양한 관점으로 이해하는 능력, 원활한 소통능력, 지속적으로 공부하는 능력이 필요하다. 그 후에 전문가가 되기 위해 필요한 전문능력을 습득한다. 스스로에게 동기를 부여하는 능력, 지식을 표현하고 논리를 전개하는 능력, 사물을 조감하면서 동시에 상세히 관찰하는 능력을 갖춘다면 일을 하는 데에 필요한 대부분의 요건을 갖추고 있는 것이므로 어디서든 잘 해낼 수 있다.

02

나는 왜
오너를 위해서
일하기 싫은가?

내년부터 기업에서 일을 시작하게 됩니다. 그런데 교수님께서 말씀하신 "오너를 위해 일하기 싫다"라는 이야기가 계속 뇌리에 남는 것 같습니다. 교수님은 어떤 점에서 오너를 위해 일하기 싫으셨던 건지 이야기를 듣고 싶습니다.

우리는

좋은 일을 해야 한다

다른 사람들도 그런 생각을 해봤을지 모르겠다. 적어도 나는 '오너를 위해 일하기 싫었던' 시절이 있다. 내가 근무하던 회사에는 그룹 회장의 친척이 있었다. 그는 직급에 상관없이 항상 주요 인물이었다. 특히 간부들은 무슨 일이 있으면 항상 그와 의논하고 그의 안색을 살폈다. 그러나 오너 일가에게 좋은 일이 무조건 회사에도 좋은 일이라는 보장은 없다. 나아가 이 세상에 좋은 일이라는 보장도 없다. 회사의 중심이 오너 일가로 몰리는 모습을 보면서 사원들은 스스로를 하인이라고 표현하기도 했다. 사실 이런 표현은 자학이며 스스로를 모욕하는 것과 다름없다. 오너가 지시하는 대로 사원들이 그대로 복종해야 하는 구조라면 사원 스스로가 자학을 일삼는 회사가 된다. 나 또한 그랬다. 사실 사원의 입장에서 이렇게까지 스스로를 비하할 필요는 없다. 단순히 생각하면 회사는 노동과 급여를 교환하는 장소이기 때문이다.

물론 회사에서 일하는 것을 노동과 급여만으로 해석할 수는 없다. 회사는 사원의 안정된 생활을 보장해주고 그 대신 사원은 자신의 역량을 최대한 발휘해서 회사의 발전에 기여한다. 그 결과 사원은 성숙해지고 회사는 사회에 공헌한다. 이것이 좋은 발전의 모습이다. 이를 실현하기 위해서는 사원과 회사의 관계가 대등해야 한다. 하지만 대부분의 회사는 그렇지 못하다.

대기업이든 중소기업이든 모든 회사에는 오너가 있다. 대기업이라면 오너라고 해도 실제의 지분은 미비할 수 있다. 기업의 지배구조를 교묘하게 운영하면 얼마 되지 않는 지분으로도 대기업을 지배할 수 있다. 하지만 우리나라 대부분의 민간기업이라면 오너 일가가 주도적인 위치에 있다. 큰 사업일수록 다른 사람에게 맡기기보다 오너의 가족을 배치하는 기업이 많다. 이런 기업에서는 오너의 판단이 절대적이다. 물론 우리나라의 경제성장이 오너의 빠른 판단에 의한 것이었다고 생각하는 사람도 많이 있다. 그러므로 오너 경영이 반드시 나쁜 측면만 있다는 것은 아니다.

사람은 누구라도 좋은 일을 하고 싶어 한다. 좋은 일이란 내가 좋고 가족이 좋고 세상이 좋아지는 일이다. 여기에서 가족의 범위는 친척의 범위를 넘어야 한다. 직장의 동료는 물론 동업자에 이르기까지 나의 사회적 영향력이 커질수록 가족의 범위는 넓어질 수 있다. 그런데 오너 일가가 지배하는 기업에서는 좁은 의미에서의 가족끼리는 좋지만 세상은 좋아지지 않는 일도 예사롭게 하는 경우가 많다. 경영전략을 세우거나 중요한 의사결정을 할 때에 오너 일가의 이해관계를 가장 우선시하는 기업이라면 바른 판단을 세우기가 어렵다. 이런 경우에 나는 오너를 위해 일하기 싫다. 여기서 말하는 오너란 기업의 개인 소유자만을 의미하는 것이 아니다. 더욱 넓은 의미에서 개인이나 가족 소유자, 돈만 중요시하는 이기적인 사업, 사회의 번영을 고려하지 않는 개인의 영달 추구, 나와 가족은 좋지만 세상은 나빠지는 일, 꿈이 없는 단순한 노동은 하기 싫다는 의미다.

아무리 좋은 회사라도 이직률이 제로가 되지는 않는다. 회사에서 열심히 교육시키고 경험을 쌓게 해서 양성한 인재라도 언젠가는 사직한다. 그러므로 회사의 입장에서 중요시해야 하는 것은 이직률이 아니다. 사직한 사람들이 다른 곳에서 맹활약을 하게 만들어야 한다. 넓게 보았을 때 우리 회사를 사직한 사람이 우리 편이 되도록 해야 한다. 사직한 직원들이 다른 회사로 이직해서 중요한 일을 하거나 사회에서 중요한 일을 하는 경우도 분명히 있다. 이렇게 인재를 양성하고 사람을 귀하게 여기는 회사에서야말로 직원들이 스스로 자존심을 세울 수 있다.

03

이 일을
평생 할 것인가?

취업하고 싶은 회사는 있지만 혹시 입사하게 되면 어떤 일을 하게 될지 전혀 감이 잡히지 않습니다. 그런데 회사에서 한 가지 일만 오랫동안 하다 보면 앞으로 다른 일을 하지 못하게 되는 것은 아닌지 불안합니다.

눈앞의 일에

집중한다

학생: 다음 학기에 졸업이라 취업을 준비하고 있습니다.
나: 어떤 업계로 가려고 하지?
학생: 아직 업계는 모르겠고 일단 이 회사에 취업하려고 합니다.
나: 이 회사에 입사하면 어떤 일을 하고 싶은가?
학생: 기획이나 개발이나 영업이나. 뭐 아무거나 정해지는 대로 하게 되겠지요.

졸업을 앞둔 학생과 대화했던 내용이다. 이 학생이 만약 본인이 원하는 회사에 취업한다면 축하할 만한 일이다. 하지만 우리나라 대기업에 취업한 신입사원 네 명 중에서 한 명은 입사 후 1년 이내에 퇴사한다는 조사가 있다. 이유는 조직과 업무에 적응하지 못해서가 가장 많다. 이런 상황이 발생하는 근본적인 원인은 학생들이 회사의 이름에만 이끌려서 취업을 준비하기 때문이다.

어느 정도 규모가 있는 회사라면 직원들이 수행하는 업무의 종류가 수백 가지도 넘을 것이다. 기획이나 개발 외에도 말이다. 그런데 단순히 회사 이름만 보고 취업을 하면 내가 어떤 일을 하게 될지 전혀 예측할 수가 없다. 같은 기업이라도 사원들마다 하는 일은 전혀 다른 분야다. 만약 운이 좋게 내가 좋아하는 분야라면 문제가 없지만 내가 하기 싫은 분야라면 퇴직을 심각하게 생각하게 된다.

대부분의 사람은 일생 동안 몇 가지 일을 하게 된다. 그런데 그중에서 가장 중요한 일은 가장 처음에 하는 일이다. 그러므로 첫 번째 일을 내 마음에 쏙 드는 모습으로 만드는 데 집중해야 한다. 만약 일을 산이라고 비유한다면 산이 높고 크면서 주위를 압도하는 형상도 좋다. 주변의 풍경과 어울리는 아담한 산도 좋다. 그러나 이보다 더 중요한 것은 산의 크기가 아니라 내가 만족할 만한 모습이어야 한다는 것이다. 만약 내 인생의 첫 번째 산이 회사에 취직한 것이라면 어느 회사인지보다 어느 업종에서 일하는지가 훨씬 더 중요하다.

첫 번째 일을 선택할 때 업종을 기준으로 한 사람이라면 이후의 일을 계획하기가 수월하다. 경력을 어느 업계에서 만들어가느냐 하는 것이 많은 영향을 끼치기 때문이다.

첫 번째 일과 두 번째 일의 유사성에 대해서는 쉽게 판단하기 어렵다. 예를 들어 축구선수와 야구선수는 서로 같은 분야일까, 다른 분야일까? 여기에 대한 판단은 한 분야에서 최고가 된 사람과 일반인의 기준이 전혀 다르다. 실제로는 야구선수로 성공한 사람이 축구선수가 된다는 것은 전혀 다른 일을 시작하는 것이다. 그러나 스포츠를 전혀 모르는 사람이 볼 때는 야구나 축구나 공을 가지고 하는 것이니 본질적으로 비슷한 것이라고 생각할 수도 있다. 야구선수가 골프선수가 되는 것도 마찬가지로 보일 것이다. 그러니 한 분야의 최고가 보면 전혀 다른 분야다.

농구선수가 야구선수로 전직한 사례가 있다. 농구의 황제라고 불리는 마이클 조던은 한때 농구선수에서 야구선수로 전직해 활동한 적이 있다. 강도에게 살해된 마이클 조던의 아버지가 어릴 적에 꾸던 꿈이 야구선수였기 때문이었다. 마이클 조던은 아버지가 못 이룬 꿈을 대신 이루기 위해서 야구선수로 전직했다. 그러나 좋은 성적을 내지 못하자 다시 농구선수로 되돌아왔다.

스모선수가 격투기선수로 전직한 사례도 있다. 일본의 전통경기인 스모는 우리나라의 씨름과 비슷하지만 매우 격식을 차리는 경기다. 스모선수는 지위가 구분되어 거기에 맞는 급여와 포상금을 받는다. 가장 높은 지위는 요코즈나라고 하는데 연봉이 5억 원 이상이며 사회적으로도 크게 존경을 받는다. 스모선수 중에는 몽골이나 하와이에서 온 선수도 많다. 그중에서 하와이에서 일본으로 와서 요코즈나가 되었던 아케보노는 스모 생활에서 은퇴한 후에 격투기로 전직했다. 그는 '인류 역사상 최고의 강자를 선택하는 세기의 대결'이라는 요란한 선전과 함께 첫 시합을 치렀다. 상대선수는 미국에서 풋볼선수 생활을 했던 밥 샙이었다. 하지만 아케보노는 시합에서 전혀 힘을 쓰지 못하고 다운을 당하며 패했다. 그 후에도 몇 번 격투기 시합에 출전했지만 아무런 성과를 내지 못하고 스모에서 쌓았던 명성만 나빠지게 되었다.

이처럼 첫 번째 경력을 무엇으로 선택할지가 인생 전체의 산맥을 따져보았을 때 가장 중요하다. 다음 경력에도 계속해서 영향을 끼치게 되는 것이 바로 첫 번째 경력이다. 그래서 스스로가 즐기고 잘할 수 있는 업종이 무엇인지 진지하게 고민해보고 이를 기준으로 첫 경력을 잘 만들면 다음 일을 선택할 때도 훨씬 수월할 것이다.

04

나는 왜 이렇게 끈기가 없을까?

운동이나 공부나 단순히 '앞으로 해봐야지!' 하는 마음으로는 오랫동안 지속하기가 어려운 것 같습니다. 교수님께서는 처음 다짐하실 때부터 그 정도와 기간을 확실히 정하고 시작하셨던 것인지요? 그 의지가 흔들릴 때는 어떤 방법으로 다잡으셨는지 궁금합니다.

나는 약한 자이니까

매일 조금씩 10년 동안 한다

내가 무척 좋아하는 소설이 있다. 한국 최초의 자연주의 소설가인 김동인 선생님의 「약한 자의 슬픔」이라는 단편소설이다. 간단한 줄거리는 이렇다. 일제 강점기에 남작 집에 가정교사로 들어간 주인공은 남작에게 겁탈을 당하고 고향으로 돌아간다. 고향에서 지나간 일들을 돌이켜보면서 느낀다. '내가 겪은 모든 슬픔은 모두 다 내가 약한 자이기 때문이다. 사랑은 강함을 낳고 강함은 모든 아름다움을 낳는다.'

사실 우리 모두는 약한 자다. 그런데 약한 자가 하루아침에 강한 자가 될 리가 없다. 그래서 나는 매일 조금씩 나아지겠다고 다짐을 한다.

취업하기 위해서 자기소개서를 쓸 때 취미에 독서라고

쓰면 안 된다고 한다. 독서는 일상생활인데 어찌 취미가 될 수 있느냐는 논리다. 나에게도 독서는 일상생활이다. 나는 한꺼번에 여러 가지를 섞어서 읽는다. 예를 들어 한국어로 된 소설, 일본어로 된 경영서적, 영어로 된 잡지와 같은 식이다. 한 권을 잡으면 밤을 새워서 끝까지 읽던 때도 있었지만 요즘은 그렇게 집중적으로 책을 읽는 경우가 거의 없다. 대신 시간이 날 때마다 조금씩 읽는 스타일이 되었다. 나는 책을 읽다가 싫증이 나고 좀 쉬어야겠다고 느끼면 그때부터 전혀 다른 언어로 된 다른 장르의 책을 읽는다. 남들이 보면 쉬는 건지 책을 보는 건지 구분이 안 가겠지만 정신적으로는 확실히 쉬어가는 느낌이 든다.

이렇게 했는데도 책을 읽기가 싫어질 때가 있다. 그러면 읽고 있던 책을 그대로 덮어버린다. 흔히들 끊기 좋은 데까지 읽고 그만둔다고 하는데 나는 아무데서나 끊는다. 읽기 싫은 때가 가장 끊기 좋은 때라고 생각하기 때문이다.

책은 읽기 싫지만 조금 시간 여유가 있는 경우가 있다. 당장 해야 할 일도 없으면서 달리 하고 싶은 일도 없는 때에는 일본어 서적을 한국어로 번역한다. 번역은 거의 기계적으로 진행되기 때문에 머리를 식히기에 참 좋다. 도쿄대에서 근무할 때에 일본 학생들의 일본어 논문을 많이 검토하고 수정해주었기 때문에 일본어 자료를 한국어로 번역하는 게 나로서는 아주 쉬운 작업이다. 그래서 주로 자투리 시간을 이용해서 번역을 한다. 물론 반드시 해야만 하기 때문에 하는 일은 아니다.

그러다가 굉장히 재미있는 내용을 만나면 갑자기 흥미가 솟아 생각했던 것보다 시간을 더 많이 쓰기도 한다. 이렇게 해서 지금까지 번역한 것이 수십 권이 되는데 재미있는 자료는 수업시간에 학생들에게 나누어주기도 한다. 나로서는 번역 자체가 휴식이지만 다른 사람이 보면 열심히 키보드를 두드리면서 일하고 있는 모습일 것이다.

그런데 어떤 때는 이마저도 하기 싫을 때가 있다. 그럴 때에는 "오늘은 일단 오늘 할 분량만 하고 나머지는 내일 생각하자"라고 스스로에게 말한다. 이렇게 해서 포기하는 시점을 내일로 미루는 것이다. 내일 다시 할 수 있도록 마음의 여지를 남겨두는 것이 중요하다. 오늘은 오늘 분량의 낙숫물 한 방울만 떨어뜨린다고 생각해야 한다. 바위가 뚫어지려면 낙숫물을 계속 떨어뜨리는 지속성이 중요하기 때문이다. 마음이 조급하다고 하루에 세 방울 떨어뜨리는 것도 아니고 3일에 한 방울 떨어뜨리는 것도 아니다. 그저 오늘은 오늘 분량의 한 방울만 떨어뜨리면 된다.

이런 방식으로 일하려면 한 가지에만 집중해야 한다. 하루를 30분 단위로 나누어 사용하는 것도 좋은 방법이다. 시간을 잘게 나누면 시간을 매우 효율적으로 사용할 수 있다. 예를 들어 매일 10분씩 운동하지만 10년 동안 계속한다. 시간을 잘게 나누어서 실행하고 매일 꾸준하게 오랫동안 실천하면 좋은 행동을 습관으로 만들 수 있다.

두고 보자는 사람치고 무서운 사람 없다고 한다. 나중에 해야지 생각하고 뒤로 미루는 일 중에 실제로 나중에 실행하는 경우는 거의 없다. 만약 하려고 하면 지금부터 해야 한다. 그러나 처음부터 너무 크게 시작하면 지속하기 어렵다. 그러므로 처음에는 작게 시작해야 한다. 이렇게 작게 해도 되나 싶을 정도로 작게 시작한다. 만약 팔굽혀펴기 운동을 지금부터 시작한다면 오늘은 한 번만 해도 좋다. 그러나 내일도 하고 모레도 하고 앞으로 10년 동안 지속한다. 횟수는 걱정하지 않아도 된다. 오늘은 한 번만 했지만 아마 다음 주에는 열 번쯤 하게 될 것이다. 그리고 다음 달에는 스무 번쯤 하고 있을 것이다. 그러다가 어느 날 정말 하기 싫다고 느끼면 얼른 오늘 할 분량만 한다. 그리고 계속 할지 안 할지는 내일 다시 생각한다.

직장을 다니면 독서할 시간이 없다고들 한다. 이런 사람은 시간을 내어 독서한다는 생각을 버리는 게 좋다. 대신 매일 10분만 독서한다는 자세를 취한다. 하루에 10분이면 거의 의식하지 못하는 시간이니까 시간이 있다 없다 평가할 것도 없다. 그 대신 평생 매일 10분 독서를 한다.

그러므로 바쁘다는 말을 하지 않아야 한다. 그리고 앞으로 해야 할 일과 오늘 내로 해야 할 일을 구분한다. 그다음에는 오늘 할 일의 순서를 정한다. 그리고 지금 해야 할 일에만 집중한다. 지금 할 일을 다 했다면 잠깐의 여유가 생기게 된다. 그러면 조그마한 그 여유를 즐긴다. 차를 한잔하거나 그저 게으르게 시간을 보낸다. 이처럼 작은 게으름은 사람에게 큰 여유를 준다.

나는 왜 이렇게 끈기가 없을까 고민할 필요가 없다. 왜냐하면 나는 약한 자이니까. 약한 자인 것을 알고 있으니까 매일 조금씩 10년 동안 하겠다고 마음먹으면 된다.

내가 중학생일 때에는 체력장이 있었다. 체력장 종목 중에는 턱걸이도 있었다. 스무 개를 해야 만점인데 나는 하나도 하지 못했다. 그래서 얼마 동안 철봉에 그냥 매달려서 놀았다. 한동안 턱걸이는 전혀 시도하지 않았다. 그러다가 어느 날 턱걸이를 해보니 열 개를 할 수 있었다. 그래서 계속 열 개 정도만 했다. 그러다가 어느 날 보니 열다섯 개를 할 수 있었다.

매일 열다섯 개씩 턱걸이를 했더니 체력장 시험 당일에는 스무 개를 할 수 있었다. 만약 내가 체력도 약하면서 처음부터 스무 개에 도전했다면 아마 며칠 내로 포기하고 말았을 것이다. 한 개도 못하는 주제에 며칠 내로 스무 개를 하겠다고 마음먹는 것은 큰 각오를 한 것처럼 보인다. 굳은 결심도 보인다. 그러나 이런 목표를 정하는 것은 나 자신을 너무 모르는 것이다. 며칠 동안 연습한다고 해서 한 번도 못하던 사람이 갑자기 스무 개를 할 리가 없다. 여전히 스무 개를 못하면 포기하기 쉽다. 그러면 나는 끈기가 없다고 자학하게 된다. 이런 방식은 문제와 해법의 설정이 잘못된 것이다.

나도 그렇지만 많은 사람들은 한 가지 일에 끈기 있게 매달리는 근성이 부족하다. 왜냐? 약한 자이니까. 그래서 한 가지 일은 한 번에 조금씩 해야 한다. 그 대신 매일 실행하고 10년 동안 해야 한다. 뭐든지 지속하는 게 중요한데 그러려면 계속 그 환경 속에 있어야 한다. 하루에 1분이라도 환경을 맛보고 지속하는 것이 중요하다. 그런데 마음을 느긋하게 가지고 10년 동안 하겠다고 마음먹고 매일 조금씩 하면 하루하루는 거의 할 것이 없다.

전공 서적을 읽으면서도 세 번은 읽겠다고 마음먹는다. 저자는 그 분야의 전문가다. 그런데 저자가 그 책을 집필하고 세상에 내어놓으려면 원고를 완성하고 나서도 적어도 30회 이상 읽을 것이다. 그런데 그 분야에 문외한인 내가 한 번 읽고 다 이해하려고 하면 그건 오만한 생각이다. 이는 내가 천재라는 말인데 그렇지 않다는 것은 내가 가장 잘 알고 있다.

어느 출판사가 나에게 숙제를 주었다. SNS를 하라는 거다. 나는 지금까지 SNS를 운영한 적이 없기 때문에 시간을 얼마나 써야 할지 고민이 되었다. 이런 고민도 깊게 하면 슬럼프가 된다. 그래서 나는 매일 10분만 SNS에 시간을 사용한다. 그러나 매일 한다. 사정이 생기면 건너 뛸 때도 있겠지만 기본 방침은 매일 조금씩 하는 것이다. 이렇게 생각하면 마음에 조급증이 생기지 않는다. 10년 후에는 나의 SNS에도 많은 발전이 일어나 있겠지.

슬럼프는 시간을 먹고사는 괴물이다. 우리가 시간이 없다고 생각하면 괴물은 난폭해지고 우리가 시간을 길게 잡으면 괴물은 꼬리를 말고 도망간다. 슬럼프라고 생각되면 조급증을 내지 말고 스스로에게 시간의 여유를 주어야 한다.

05

왜 쉬는 날까지
일 생각이 날까?

열심히 일하는 것 못지않게 스위치를 꺼놓는 것 역시 중요하다고 생각합니다. 그런데 나는 이상하게 일할 때는 쉬고 싶고, 쉴 때는 일 생각이 납니다. 제대로 일을 못하기 때문에 제대로 쉬지도 못하는 걸까요?

일하거나 쉬거나,

혹은 아무것도 하지 않는다

    나는 지하철을 타면 빈자리가 있어도 거의 앉지 않는다. 대부분 서서 다니기 때문에 특별히 무언가를 하기는 어렵다. 만약 생각하고 있는 주제가 있다면 그 주제를 연속해서 생각하는 정도다. 힌트가 떠오르면 스마트폰에 키워드만 메모한다.

    비행기를 오래 탈 일이 있으면 신체의 어느 부분을 활동시키고 어느 부분을 휴식시킬 것인가를 정한다. '지금부터 휴식할 부분은 뇌? 눈? 귀? 입? 손? 다리?' 이런 식이다. 활동할 부분과 휴식할 부분이 정해지면 거기에 맞추어서 시간을 보낸다. 유럽이나 미국으로 가는 장거리 비행에서는 비행기에 탑승하는 순간부터 시차를 미리 맞추기 위해 목적지

의 시간에 맞추어서 행동한다. 그러다 보니 한국에서 오후에 비행기에 탑승하면서 신체 시계를 새벽에 맞추려고 노력하는 경우도 있다.

다들 바쁘게 살다 보니 시간관리가 중요한 문제다. 그런데 시간을 일하는 시간과 쉬는 시간으로만 구분하면 불충분하다. 그 사이에 아무것도 하지 않는 시간을 넣어야 한다. 일하는 것과 쉬는 것과 아무것도 안 하는 것을 구분해야 한다.

일하는 것의 반대는 무엇인가? 일을 안 한다? 만약 일을 하거나 안 하는 것으로 시간을 구분한다면 스위치를 켜거나 끄는 것으로 비유할 수 있다. 그러나 시간은 세 가지로 구분해야 한다. 일한다, 쉰다, 아무것도 안 한다. 아무것도 안 하는 것은 일하는 것도 아니고 쉬는 것도 아니다. 무념무상의 상태다.

버스에 비유해보자. 어떤 운전수가 전진하기 위한 액셀과 정지하기 위한 브레이크를 연달아 밟으면 어떻게 될까? 이런 운전수를 만나면 차도 고생이고 승객도 고생이다. 계속 부릉 끽, 부릉 끽을 반복하니 승객은 승차감이 형편없다고 불평하고 차도 버틸 수 없게 된다. 그래서 운전을 잘하는 사람은 액셀도 밟지 않고 브레이크도 밟지 않고 아무것도 하지 않는 상태에 익숙하다.

이런 상황도 있다. 금요일 저녁까지 열심히 일하고 토요일 아침부터 일요일 밤까지 등산을 갔다 온다. 그는 등산에 간 것을 쉬었다고 생각한다. 그리고 월요일 아침에 출근한다. 이런 사람이라면 월요일 아침에 근무하는 게 죽을 맛이다. 피곤해서 제대로 일을 할 수가 없다. 그러므로 적어도 일요일 저녁에는 아무것도 하지 않는 시간을 가져야 한다. 금요일 저녁에 퇴근해서 토요일 아침에 놀러갈 때까지도 그 중간에 아무것도 하지 않는 시간을 가지는 것이 좋다. 시간을 일하는 시간과 쉬는 시간과 아무것도 하지 않는 시간으로 구분한 후에는 이들의 비율을 어떻게 정할지 생각해 봐야 한다.

시간에는 절대적인 시간과 상대적인 시간이 있다. 절대적인 시간을 줄이지 않더라도 내가 상대적인 시간을 짧게 느낀다면 절대적인 시간이 줄어든 듯한 효과를 얻을 수 있다. 미래를 위해서 할 수 없이 준비한다는 생각은 버리고 너무 재미있어서 한다고 스스로를 세뇌시키면 내가 느끼는 상대적인 시간은 짧아질 것이다.

미래를 위해서 준비하는 절대시간은 미래에 다가갈수록 더 많이 필요하게 된다. 10년 전부터 매일 한 시간씩 준비하는 사람에 비해서 1년 전부터 준비하는 사람은 매일 열

시간보다 더 많이 준비해야 한다. 오랫동안 준비하면 준비한 내용끼리 상호관련을 가지면서 체증의 효과가 생기기 때문이다. 체증효과란 투입한 내용에 비해서 산출되는 내용이 현격하게 증가하는 효과를 말한다. 낙숫물이 바위를 뚫는다는 마음으로 미래를 준비해야 한다. 그러므로 조금이라도 매일하는 것이 좋다. 미래는 내가 지금부터 준비하는 것이다. 그러나 하고 싶지 않으면 그만두어도 좋다. 아무리 좋은 것이라도 의무가 되면 하기 싫어지는 것이 본능이니까.

06

지금 저 말은
어떤 뜻일까?

회사에서 모임을 갖는 횟수가 늘어날수록 처음에 비해서 여유를 갖고 사람들을 대할 수 있고 조금씩 자신감을 가지고 소통을 하는 것 같아 스스로 많이 뿌듯합니다. 그러나 나와 전혀 코드가 안 맞는 사람과는 여전히 소통하기가 힘이 듭니다. 좋은 방법이 없을까요?

언어는
겉과 속이 다르다

　　도쿄대에서 유학할 때의 일이다. 일본 학생 중에 나에게 반감이라고 할까 얕보는 마음이라고 할까, 하여튼 좋지 않은 감정을 가진 학생이 있었다. 사람 마음은 서로 통하는 것이니까 상대방이 나에게 반감을 가지고 있으면 나도 그 기분을 느낄 수 있다. 그러나 그렇다고 해서 나에게 직접적인 해를 끼치는 것은 아니니까 그저 좋지 않은 기분만 느끼는 정도였다.
　　이 학생에게 내가 소심하게 복수하면서 혼자 즐거워한 방법이 있다. 일본어와 한국어의 번역을 내 기분에 맞추어서 하는 것이다. 외국어를 번역할 때에는 원어의 의미와 느낌을 상대방 언어로 잘 나타내야 한다. 그래서 번역을 할 때에는 문맥이라는 것을 이해해야 한다. 왜 그런 말을 하는지 의도를 이해하면 좋은 번역이 된다.

그런데 나는 상대방이 아니라 최대한 내 기분에 맞추어서 번역을 했다. 예를 들어 내가 과자를 먹고 있을 때 나를 싫어하는 학생이 오면 과자를 하나 먹으라고 권한다. 일본어로 "도우죠"라고 말한다. 그러면서 내 마음속으로는 한국어로 이렇게 번역한다. "야, 이거 먹고 저리 꺼져."

겉으로는 웃음을 띠고 친절하게 과자를 권했지만 속마음으로는 나의 반감을 그대로 나타냈다. 비록 겉과 속은 달랐지만 그렇다고 상대방을 언어로 모욕하거나 물리적으로 싸움을 거는 것도 아니니 상대방에게 피해를 준 것은 없지 않은가. 그저 내 기분에 맞추어 번역을 하는 것만으로도 약간은 기분이 좋아졌다.

요즘도 종종 내 기분에 맞추어 번역할 때가 있다. 상대방이 사용하는 한국어를 내 기분에 맞추어서 번역하는 것이다. 만약 상사가 "너는 이것도 못하느냐"라고 말한다면 스스로에게는 "너는 이것을 공부할 필요가 있구나"라고 번역하는 식이다.

상대방과 언어로 소통하면서 내가 내 기분에 맞추어 번역을 한다는 것은 곧 상대방도 나에게 자신의 기분에 맞추어서 말을 한다는 것을 의미한다. 그러므로 상대방이 말하는 것을 잘 들어보면 그 이면에는 상호간에 다른 번역이 존재할 수밖에 없다는 것을 알 수 있다.

만약 상대방이 "그래도 후회는 없다"라고 말을 한다면 이는 "나는 엄청난 실패를 했다"라는 의미다. "그래도 마음은 착하다"라고 말한다면 이는 "사실 그 사람에게 능력은 없다"라는 의미다. "너희 회사는 어때?"라는 질문에 "그래도 분위기는 좋다"라는 대답이 돌아온다면 이는 "회사에 아무런 비전을 느끼지 못하고 있다"라는 의미다. 데이트를 신청했는데 상대방이 "바빠서"라고 말한다면 이는 "내가 평생을 독신으로 살더라도 너하고는 데이트하지 않겠다"라는 의미다. "나는 괜찮아"라는 말은 "사실은 화가 많이 난다"라고 번역해야 하는 경우가 많다. 이처럼 언어의 번역은 겉과 속이 다른 게 대부분이다.

그러니 내가 상대방에 휘말리지 않기 위해서라도 스스로에 맞게 언어를 번역할 필요가 있다. 고민은 많이 하지 않는 게 좋다. 대신 생각은 많이 해야 한다. 그리고 스스로에게 말한다. "파이팅." 이 말은 이렇게 번역한다. "내가 잘할 수 있는 것은 행복하게 사는 것밖에 없다." 세상사가 뜻대로만 되는 일은 거의 없다. 그러므로 스스로가 할 수 있는 한에서 조금씩 다르게 번역하는 능력도 키워야 한다.

07

나는 왜
상사 복이 없을까?

상사의 의견과 나의 의견이 다를 때 겉으로는 "네, 네" 하며 따르고 속으로는 나만의 길을 생각하고 있는 편입니다. 하지만 구체적인 프로젝트를 진행할 때는 결과까지 생각해야 하니 답답합니다. 상사가 원하는 방향이 객관적으로도 잘못된 경우에는 어떻게 해야 할까요?

상사와 마찰이 생기면

제3자의 중재를 요청한다

어느 날 지하철을 타고 가는데 어떤 사람이 말을 걸었다. "혹시 이전에 두산에 근무하지 않으셨나요?" 얼굴을 보니 낯이 익은 사람이었다. 그제야 기억이 났다. 이전에 내가 회사를 다닐 때 나를 잡아먹지 못해서 안달이던 상사였다. 내가 퇴근하고 나면 내 서랍을 뒤져서 관련 서류가 있는지 확인한다던 사람. 그런데 항상 서류 정리가 잘되어 있으니까 더 화가 난다던 그 사람이었다. 회사를 다닐 때 이 상사와 함께 일했던 기간은 개인적으로 참 힘든 시간이었다. 이제는 이 사람이나 나나 회사를 사직했으니까 그저 아는 사람에 불과했다. 그래서 우리는 서로 명함을 교환하면서 언젠가 시간이 좋을 때 차 한잔 하자고 말하고 헤어졌다. 그러나 우리 둘 다 알고 있다. 이런 식의 대화는 그저 어색한 분위기를 모면하기 위한 대사에 불과하다는 것을. 물론 그 이후로 나에게 연락이 온 적은 없다. 내가 먼저 연락한 적도 없다. 그저 과거의 추억이 잠시 현실에 나타났을 뿐이다.

내가 회사에서 근무할 때에 함께 일했던 상사는 크게 두 가지 타입이었다. 하나는 언제까지 어떤 일을 어떤 상태로 하라고 지시하고는 모든 것을 담당자에게 맡기는 타입이다. 또 하나는 모든 일을 상사가 지시하고 확인하고 함께 일하는 타입이다. 두 가지 타입을 편의상 지시형과 동참형이라고 하자.

지시형 상사는 담당자에게 일을 다 맡기기 때문에 본인은 그리 바쁘지 않다. 그저 가끔씩 무슨 문제가 없는지 확인하는 정도만 하면 되고 일정만 챙기면 되니까. 보기에 따라서는 업무를 방치하는 듯이 보이기도 한다. 그러나 나름대로는 담당자의 특성에 맞추어서 일을 나누어주기 때문에 일정 수준 이상의 성과를 만들어낸다. 이런 타입은 대인관계가 참 좋다. 상대방의 기분도 잘 맞추면서 일도 잘 시키기 때문에 직원들과 대개 사이가 좋다. 머리가 좋지만 게으른 상사다. 직원으로서도 상사가 자신을 믿고 일을 맡기기 때문에 열심히 일을 하게 되니까 성과도 좋다. 때로는 회사 일이 이렇게 재미있나 스스로 놀라기도 한다.

    동참형 상사는 어떤 일이라도 자신이 관여하지 않으면 불안해한다. 그래서 밤 9시에 회의를 소집하기도 하고 일요일 오후 2시에 전화를 해서는 왜 출근하지 않느냐고 질책하기도 한다. 담당자에게 양식을 만들어주고는 빈칸에 숫자만 채우라고 한다. 양식을 왜 이렇게 만들었는지에 대해서는 일절 설명하지 않는다. 왜냐하면 상사 본인이 가장 그 일을 잘 알고 있으며 본인이 움직이지 않으면 아무것도 되는 일이 없다고 생각하기 때문이다. 담당자는 그저 상사를 위한 도구에 불과하다. 머리가 나쁘면서 부지런한 상사다.

    이런 타입의 상사는 겉으로 보기에는 직원들과 밀접한 관계처럼 보인다. 함께 있는 시간이 워낙 많으니 다른 사람이 보기에는 협업을 잘한다고 말할 수도 있다. 그러나 담당자로서는 상사가 나를 믿지 못하고 모든 일을 다 지시하기 때문에 지시하지 않은 일은 하려고 하지 않게 된다. 지시하는 일만 해도 시간이 모자랄뿐더러 지시하지 않은 일을 하면 오히려 야단을 맞기 때문이다. 이러면 회사 일은 생계유지를 위한 수단일 뿐이라고 생각하게 된다.

    직원으로서는 조직에서 어떤 상사를 만나는지를 그저 운에 맡길 수밖에 없다. 인사권은 경영자의 권한이다. 그러다 보니 회사 경험이 늘어나면 지시형 상사를 만나기도 하고 동참형 상사를 만나기도 한다. 이처럼 다양한 상사를 번갈아 경험하다 보면 나중에는 어떤 상사와도 크게 불화 없이 지낼 수 있다. 어쩌면 이 상태는 체념한 상태인지도 모르겠다. 그러면 이렇게 이야기한다. "회사 일을 재미로 하는 사람이 어디 있겠어?"

조직에서 일을 하면서 상사와 마찰이 생기는 경우는 많다. 마찰은 업무상의 마찰과 관계상의 마찰이 있다. 업무상의 마찰은 서로 의견을 조정하면 해결될 수 있다. 그러나 인간적인 관계상의 마찰은 해결하기 어렵다. 이런 경우에는 상사에게 직접 내 의견을 말하기보다 제3자를 통해서 내 마음을 전달하면 부드럽게 해결될 수 있다. 제3자는 나이가 많고 경험이 풍부한 사람이 좋다. 멘토가 있다면 멘토에게 중재를 부탁하는 것도 좋다. 상사와 직접 부딪치는 것은 매우 리스크가 크다는 걸 잊지 말아야 한다.

08

'갑질' 한번 안 당해본 사람이 있을까?

저는 업무상 갑질을 많이 당하는 편입니다. 그런데 갑질을 당하고 나면 회사 다니기가 싫어지고 대인공포증이 생겨서 스스로 걱정이 되기도 합니다. 어떻게 하면 갑질의 공포에서 담담해질 수 있을까요?

'갑질'을 당하면서 성장한다

나도 회사생활을 하며 크게 갑질을 당한 적이 있다. 갑 회사의 간부는 별안간 내게 삿대질을 하며 호통을 쳤다. "안경 벗어!" 나는 영문을 몰라 멍하니 서 있을 수밖에 없었다.

이는 현장에서 감독으로 일할 때의 일이다. 현장에는 제대로 된 건물이 없어서 늦가을만 되어도 아침저녁으로 상당히 추웠다. 사무실에 석유난로가 있었지만 부임한 지가 얼마 되지 않았기 때문에 석유를 어디에서 구입하는지 몰라 전임자에게 물어보기로 하고 차일피일 미루고 있었는데 어느 날 온도가 뚝 떨어졌다. 추위에 떠는 모습이 안돼 보였는지 갑 회사의 한 직원이 석유난로에 한 번 사용할 정도의 석유를 빌려주었다. 역시 난로를 피우니 사무실이 금세 따뜻해졌다.

그런데 잠시 후에 갑 회사의 간부가 나를 불렀다. 그래서 얼른 가보았다. 그랬더니 다짜고짜 내가 갑 회사의 석유를 훔쳤다는 게 아닌가. 그러면서 나를 절도죄로 고발하겠다고 성화였다. 주변에 있던 직원들이 사정을 설명해도 들으려 하지 않고 계속해서 화를 내더니 급기야 나에게 안경을 벗으라며 고함을 쳤다.

이 말을 듣는 순간, 내 머릿속은 복잡했다. '정말 안경을 벗고 맞아야 하나?' '내가 아무런 잘못이 없는데도 불구하고 폭행을 당한다면 나는 어떻게 하지? 경찰서에 가서 신고해야 하나?' '가만히 맞지만 말고 같이 싸워야 하는 건가?' '우리 회사에서는 왜 나 같은 어린 사원을 이렇게 험한 현장에 감독으로 보냈을까?' '아, 이렇게 해서 나의 직장생활은 끝이 나는구나……'

짧은 순간에 너무나 많은 생각이 들어서 스스로도 놀랄 정도였다. 결국 나는 안경을 벗었다. 그리고 생각했다. '폭행을 당하면 우선 병원에 가서 진단서를 끊자. 그리고 회사로 들어가서 상사에게 보고하고 사표를 내자. 그리고 경찰에 가서 고소하자.' 그러다가 또 생각이 바뀌었다. '아니, 회사의 선배에게 먼저 상의해야 하나? 아, 어떻게 해야 하지?'

내가 안경을 벗으니까 갑 회사의 간부는 내 어깨를 손바닥으로 한 번 밀었다. 그리고 "다시는 도둑질하지 마라"라고 말하더니 그만 가보라고 했다.

나는 우선 사무실로 돌아와서 물을 한 잔 마셨다. 그리고 왜 이런 일이 벌어졌는지 생각했다. 얼마 지나지 않아 이 사건의 배경이라고 의심되는 일이 떠올랐다.

내가 현장에 부임한 직후에 전임자 앞으로 잘 포장된 월간지가 배달되어온 적이 있었다. 갑 회사의 간부는 그 잡지를 빌려달라고 했다. 나는 남의 것을 허락도 받지 않고 포장까지 뜯어서 다른 사람에게 빌려줄 수가 없어 이렇게 대답했다. "이 잡지는 제 것이 아니라 전임자 앞으로 온 것이니까 전임자에게 물어보고 빌려드리겠습니다." 이 간부는 내 말을 듣더니 화난 얼굴로 돌아갔다. 아마 이 일이 빌미가 되어 그 간부가 내게 앙심을 품고 있었던 게 아닐까 생각됐다.

나는 병원에 가지도 않았고 경찰서에 가지도 않았다. 석유를 빌려주었던 갑 회사의 사원을 포함하여 많은 분들이 나를 위로해주었기 때문인지는 모르겠다.

얼마 후에 회사에 들어가니 상사가 "잘 처리했다"라고 말해주었다. 아마 그 정도면 갑질에 무난하게 대응했다고 생각했던 것 같다. 나는 이제 내심 상사가 나를 잘 이해해주고 위로해줄 것이라 생각했다. 하지만 상사는 오히려 갑 회사의 간부를 잘 접대하라고 지시했다.

갑 회사 간부를 접대하라는 지시를 받고는 또 고민이 되었다. "제가 한번 대접하겠습니다"라는 말을 마음속으로 몇 번이고 연습했지만 막상 상대방을 만나면 그 말 한마디가 목구멍 속에 숨어서 밖으로 나오질 않았던 것이다. 내 마음속에는 여전히 큰 저항감이 있었다. '왜 나를 폭행하려고 했던 사람을 접대해야 하나?' 나 스스로에게 명분을 줄 수가 없었다. 회사가 정말 싫었다.

그렇지만 상사의 지시이기 때문에 결국 갑 회사의 간부를 포함한 직원들에게 식사와 술을 접대하기는 했다. 이게 내 인생에서 처음으로 경험한 '갑님' 접대다.

그런데 그렇게 하기 싫던 접대도 한 번 경험하고 나니까 그다음부터는 쉽게 할 수 있었다. 마음속으로 저항감이 사라진 것은 아니지만 접대를 제안하고 실행하는 과정을 쉽게 하게 되었다는 의미다.

요즘은 일하는 사람이라면 갑질 한번 당해보지 않은 사람이 없는 것 같다. 어떤 입장에 있더라도 반드시 갑이 존재한다. 대기업에 근무하더라도 갑이 존재하니 갑질을 당하지 않을 재간이 없다.

그런데 갑질을 당하면서 느낀 모욕감은 내가 성장하는 데 비료가 되었다. 나 스스로가 강해지는 수밖에 없다는 진리를 깨달은 것이다. 갑질을 당하는 것은 내가 약한 자이기 때문이다. 내가 아무리 말단사원이라도 만약 그 현장에 없어서는 안 되는 중요한 기술을 가지고 있거나 내가 아니면 현장이 한 발짝도 나아가지 못할 상황이라면 그 간부는 나에게 안경을 벗으라고 소리치지 못했을 것이다. 이렇게 생각을 하니 내가 강해져야겠다는 강한 다짐이 생겼다. 현장에서 강한 자는 현장의 모든 것을 다 알고 있는 사람이다. 그래서 틈나는 대로 현장을 체크하고 현장을 공부했다. 그리고 얼마 후에 정말 드라마 같은 일이 벌어졌다. 갑 회사에 크게 어려운 일이 발생했는데 내가 그 문제를 잘 해결하여 갑 회사의 경영자가 나에게 직접 감사를 표시한 것이다. 그 후로는 갑질을 하던 간부도 나만 보면 웃음을 보이면서 "우리가 남이가?"를 연발했다.

사실 갑질은 갑 회사가 을 회사에게 하는 것이 아니다. 대기업에 납품하는 모든 회사가 다 갑질을 당하는 것도 아니다. 갑보다 더 강한 을도 얼마든지 있다. 이름하여 '슈퍼을'이다. 그렇다. 갑질의 핵심은 강한 자가 약한 자에게 하는 것이다. 그래서 요즘은 갑질을 당하면 이렇게 생각한다. '아, 이 부분이 많이 약하구나. 공부를 더 많이 해야겠다.'

09

을은
항상 희생자인가?

업무상 갑의 위치에 설 때가 많습니다. 그런데 친구들을 만나면 항상 갑은 나쁘고 을은 희생자라는 식으로 말을 합니다. 사실 저는 갑으로서 어떤 행패를 부린 적도 없고 오히려 을이 배짱을 부리거나 약속을 지키지 않으면 제가 대신 방어해준 적도 많습니다. 그런데 왜 사회는 을의 편인가요?

'을질'을 당하면서

성장한다

갑질이나 을질이나 둘 다 사무실보다 현장에서 더 많이 발생하는 일 같다. 내가 현장감독을 할 때의 경험이다. 을 회사의 경영자가 현장 운영비로 사용하라면서 내 월급보다 많은 돈을 가지고 왔다. 지금까지 관행적으로 이루어지고 있던 일이니까 부담 갖지 말고 현장에서 필요한 곳에 사용하라고 했다. 그러면서 작업복 주머니에 봉투를 넣어주고는 사라졌다.

나는 이 돈을 받았다. 처음으로 경험하는 현장의 분위기에 억눌린 탓도 있고 지금까지의 관행이라는 말에 넘어간 탓도 있다. 아니면 마음 깊은 곳에서 내가 갑으로서 누릴 수 있는 위치에 있다는 것이 스스로 뿌듯해졌는지도 모르겠다.

그런데 막상 돈을 받고 보니 이 돈을 어떻게 처리해야 할지 막막했다. 이 돈은 내 인생에서 처음으로 을에게서 받은 '뒷돈'이기 때문이다. 그래서 나는 돈을 쓸 때마다 모든 것을 다 기록해버렸다. 언젠가는 상사에게 이 모든 것을 다 보고하고, 나아가 사장에게 이 기록을 다 보여드리자는 마음으로 상세하게 기록했다. 누구에게서 언제 얼마를 받아서 어디에 어떻게 얼마를 사용했는지 꼼꼼하게 기록한 것이다.

그러나 다행인지 불행인지 이 기록은 내가 회사를 퇴사하고 한참이 지난 후까지 아무에게도 보여주지 않았고 끝내 소각했다. 나의 기억 속에만 남아 있고 기록으로서는 아무 의미 없이 끝나버렸다.

그런데 나중에 생각해보니 내가 돈을 받은 것을 상사가 몰랐을 리가 없었겠다는 생각이 들었다. 을 회사의 경영자는 당연히 내 상사에게 말을 했을 것이다. 내가 그 돈을 어디에 어떻게 사용했는지에 대해서도 상사가 몰랐을 리가 없다. 현장에는 많은 사람들이 있었기 때문이다. 상사가 이 건에 대해서 나에게 아무런 말도 하지 않은 것은 내가 한 행동이 회사의 상식선 안에 있었기 때문이었을 것이다. 하지만 훗날 돌아봐도 을 회사에서 돈을 받은 경험은 그리 유쾌한 것이 아니었다. 돈을 받으면 결국 상대방의 주장에 귀를 기울일 수밖에 없으며 상대방이 싫어하는 일을 하기가 어렵다. 고백하건데 그 후로도 몇 번인가 을 회사의 접대를 받거나 상품권을 받은 적이 있었다.

결국 이러한 경험은 내게 많은 공부가 되었다. 일본에서 창업을 하고 데이터 가시화를 중심으로 하는 소프트웨어 제품을 개발해서 영업을 할 때 이 경험을 되새기며 새로운 각오를 하게 만든 것이다. 나는 절대로 갑 회사 직원을 접대하거나 뒤로 돈을 주지 않겠다고 마음먹었다. 그리고 제품으로 정정당당하게 영업을 했다. 만약 영업이 되지 않으면 어쩔 수 없는 일이라고 생각했다. 그래서 갑 회사와의 미팅은 항상 식사시간을 피해서 했다. 저녁시간에는 별도로 만나지 않았다. 함께 식사도 하지 않았으며 당연히 술도 마시지 않았다.

그 대신 제품은 항상 차별화를 가질 수 있도록 노력했다. 제품이 대체가능한 것이라면 결국 접대로 영업을 할 수밖에 없을 것이다. 제품을 차별화하고 쉽게 대체할 수 없게 하려면 그 제품을 만드는 사람의 실력이 최상위가 되어야 한다. 그래서 내가 택한 방법은 전공서적을 쓰는 것이었다. 그 결과 일본에서 일본어로 여러 권의 전공서적을 저술했으며 몇 권의 외국서적을 일본어로 번역하여 출판했다. 그 덕에 제품을 소개할 때에는 제품개발의 배경지식을 보여주기 위해서 출간한 서적을 이용했다.

영업을 하면서 전혀 갑을 접대하지 않았기 때문에 연말 결산을 하면 접대비는 항상 제로가 되었다. 그러나 제품과 전공서적 저술 등으로 차별화하니까 이전에는 벤처기업과 직접 거래를 하지 않던 대기업이나 정부기관과도 직접 거래를 하게 되었다. 대기업과 벤처기업이 직접 계약서를 교환하거나 정부기관과 벤처기업이 직접 계약하는 것은 일본에서도 매우 드문 일이다. 그러나 우리는 제품의 차별성과 실력을 인정받아 히타치 제작소와 같은 대기업과 직접 거래했으며 경제산업성이나 문부과학성 산하의 정부기관과도 직접 계약하고 거래했다. 이 과정에서 나는 소프트웨어 제품을 무료로 제공한 적도 없고 갑을 접대한 적도 없었다. 갑 회사를 방문하면 나는 이 분야의 전문가로서 세미나를 개최하여 지식을 전수해주거나 상대방의 기술적인 질문에 답을 주는 형태로 영업을 했다. 오히려 갑 회사에서 나에게 식사를 대접한 적은 있다.

그중에는 특히 기억에 남는 일도 있다. 언젠가 미쓰비시 중공업을 방문하여 사장에게 지식의 구조화에 대한 내 의견을 말씀드렸다. 그랬더니 미쓰비시 중공업을 위한 보고서를 작성해달라고 했고 결국 이야기를 시작한 지 30분 만에 계약을 하게 되었다. 그 후 몇 번 미쓰비시 중공업을 방문하여 임원을 포함한 간부직원들을 대상으로 세미나를 개최하고 보고서를 제출했다. 벤처기업이 이런 대기업과 직접계약을 맺는 경우는 매우 드물다. 이는 그 제품을 만드는 사람의 실력이 입증되지 않으면 안 되는 일이다. 벤처기업에서 대기업 사장을 접대한다고 해서 가능한 일이 아니다.

일본 경제산업성 산하의 '신에너지·산업기술종합개발기구(NEDO)'와도 직접 계약하여 나노테크에 관한 연구개발 동향 보고서를 작성한 적이 있다. 이때는 각 기술 분야에 대해서 특허가 어떻게 등록되고 있는지 그 특징을 꽃이 피는 모습에 비유하여 분석하는 소프트웨어를 개발해 작업했다. 발표를 마치자 기관의 직원 수십 명 모두 박수를 쳐주었다. 이 기관에서 벤처기업과 직접 계약하는 것도 처음이지만 연구 결과를 듣고 박수를 친 것은 이 기관이 생긴 이래 처음이라고 했다. 이 역시 접대를 한다고 되는 일은 아니다.

일본에서 창업한 후로 갑과 을의 관행을 벗어나기 위해서 나름대로 많이 노력했던 것 같다. 갑 회사를 접대한 적도 없고 을 회사의 접대를 받은 적도 없다. 그 대신 열심히 공부해서 제품의 차별화에 노력했다. 오히려 을질을 당하면서 성장한 것이다.

10

팀 리더가
가장 나이가 어리면
불편한가?

저는 팀에서 막내입니다. 선배들은 나이와 경험이 많은 분들이라서 선배에게 친근하게 다가가려고 인사도 열심히 하고 나름대로 노력했습니다. 좋은 선배라서 정말 친해지고 싶었기 때문입니다. 그런데 이번에 제가 새로운 프로젝트의 리더가 되었습니다. 제가 일을 하는 과정에서 느낀 건 자리와 상황이 사람을 만든다는 겁니다. 하지만 막내가 프로젝트를 주도하니 아무래도 모두 불편해하는 것 같습니다. 슬기롭게 대처할 수 있는 방법이 없을까요?

대인관계에는

공부가 필요하다

상사와 부하직원의 인간관계는 참 어렵다. 만약 나보다 나이 어린 상사라면 더 어렵다. 사실 우리나라에서 스무 살과 스물한 살은 하늘과 땅만큼 차이가 난다. 그러니 회사에서도 나이와 직급의 관계는 어려운 문제다. 나이 어린 상사나 나이 많은 부하는 누구나 어려워한다. 회사에는 직책이 있고 업무가 있기 때문에 나이로 인한 표면적인 문제는 그리 많지 않다. 다만 마음속으로 어려움을 느끼게 된다. 회사가 점점 글로벌화가 되면서 나이를 크게 중요시하지 않는 분위기로 바뀌고 있는 것도 사실이다. 우리나라에서도 어느 정도 나이가 들면 위로 다섯 살, 아래로 다섯 살 차이는 친구라고 한다. 좋은 친구라면 나이 차이를 신경 쓰지 않는다는 의미다. 이런 마음을 가지려면 평소에도 나보다 나이가 한참 어린 사람에게 존댓말을 사용하는 것이 좋다. 또 회사에서 나보다 나이가 어린 상사와 불화가 생기는 경우가 있다면 나와 상사보다 나이가 더 많은 인생 선배에게 중재를 요청하는 것이 좋다. 연륜이 있고 후배들의 신임을 받고 있는 선배가 중간에서 정리를 해주는 것이 상사와 부하직원이 직접 대화하는 것보다 효과가 있다.

인간관계에서 중요한 것은 다른 사람의 입장이 되어보는 것이다. 이는 공부할 때에도 적용된다. 나는 중요한 논문이나 서적을 대하면 원문을 그대로 종이에 베껴서 써본다. 외국어라면 전체를 번역하기도 한다. 그러면서 저자의 입장을 추측한다. 왜 이런 표현을 했을까. 이는 저자와 대화하는 것이다. 만약 기회가 있다면 저자의 강연을 직접 듣고 저자와 만나서 대화를 나눈다. 그러면 저자가 왜 이런 표현을 했는지에 대해서 내가 추측한 내용이 적절했는지 알 수 있다.

사회생활은 여러 사람이 어울려서 하는 것이니까 다른 사람과 원만하게 지내기 위한 방법 또한 공부를 해야 한다. 가장 기본적이면서 중요한 것은 제대로 인사하는 것이다. 그다음은 인상이다. 40세가 되면 사람은 자신의 얼굴에 책임을 져야 한다고 하는데 인상이 나쁘면 곤란하다. 그래서 수시로 거울을 보고 웃는 연습을 해야 한다. 복장을 깔끔하게 하고 준비물을 챙기는 것도 중요하다. 준비물이란 손수건, 수첩, 필기구, 명함과 같이 사회생활에 항상 필요한 것들이다. 신발은 깨끗하게 닦고 너무 많은 말을 하지 않으며 상대방의 말을 경청한다. 상대방의 생각을 손쉽게 뒤집으려고 하지 않는다. 만약 나의 이야기가 통하지 않더라도 초조하게 생각하지 말고 시간을 들여서 상대방에게 나의 본심을 보여야 한다.

다른 사람과 원만하게 지내는 비결은 나보다 상대방이 더 많은 말을 하게 하는 것이다. 내가 한 마디를 말했다면 상대방이 세 마디를 말할 때까지 기다린다. 그런데 이 방법을 실천하려면 질문하는 방식이 중요하다. 상대방이 가볍게 말을 이어가기 좋도록 질문해야 한다. 예를 들어 요즘 TV 드라마는 무얼 보는지 물어본다. 이런 식의 가벼운 질문은 답변에 별다른 내용이 없어도 소통을 쉽게 만든다.

말을 최대한 억제하고 표정이나 목소리를 통해 소통하는 것도 가능하다. 예를 들어 "어"라는 말을 여러 가지 톤으로 말해보자. 글로 적으면 같은 표현이지만 말로 하면 느낌이 확연히 다르다. 긍정하고 부정하고 감탄하고 무관심한 태도를 "어"라는 단어 하나로 다 나타낼 수 있다. 그러므로 소통에서 중요한 것은 말이 아니라 상대방에 대한 배려다.

말투를 고치려고 하기보다 내가 정말 상대방을 배려하고 있는지도 생각해보아야 한다.

혼자서는 점심 먹지 말라는 사람도 있다. 그러다 보니 혼자 먹는 모습을 남에게 보이기 싫어서 화장실에서 도시락을 먹는 대학생도 있다. 우리 사회에서 식사하는 행위는 매우 사회적인 활동인 것 같다. 그런데 뭐든지 혼자 하는 게 좋다는 사람도 있다. 혼자서 여행 가고 혼자서 영화 보는 게 편하다는 것이다. 혹은 행동은 혼자 하기 싫지만 공간은 나 혼자 사용하는 게 좋다는 사람도 있다. 결국 우리네 인생은 따로 또 함께 움직이는 것이다. 그러므로 이번 주말에는 뭐든지 혼자 해보자. 혼자 식사하고, 혼자 쇼핑하고, 혼자 산책을 해보자. 그리고 다음 주말에는 뭐든지 함께 해보자. 친구들과 어울려서 함께 식사하고, 함께 쇼핑하고, 함께 산책을 해보자.

사회생활에서는 인간관계와 조금 뉘앙스가 다른 인맥이라는 용어가 있다. 인맥은 매일 얼굴을 마주치는 직장 동료가 아니다. 학교를 졸업하고 한 번도 만나지 못한 동창생도 아니다. 의식적으로 연락하고 별 일이 없어도 서너 달에 한 번은 만나는 그런 사람과의 관계를 인맥이라고 한다. 인맥 또한 의식적으로 넓히려고 노력하는 게 아니라 내가 정성을 다할 수 있는 만큼이 인맥의 범위가 되어야 한다. 이러한 사소한 노력들이 인간관계를 넓고 긍정적으로 만든다.

    상사와 부하직원의 관계도 조금 떨어져서 볼 필요가 있다. 이 또한 서로에 대한 배려가 필요한, 그리고 더 나아지려는 공부의 대상이다. 자신의 본분을 잊지 말되, 상대방에 대한 인정도 잊지 말자. 그래도 무언가 부족함을 느낀다면 더 공부해야 할 부분이라고 생각하며 긍정적인 태도로 받아들이는 것이 좋겠다.

11

왜 내가 말만 하면
다들 부정할까?

제가 무슨 일을 하고자 하면 주변에서 긍정적인 반응보다 부정적인 반응이 많습니다. 그럴 때마다 애써 태연한 척 하지만 솔직히 자신감이 떨어질 때가 많습니다. 스스로 자신감이나 자기 확신을 얻기 위해서는 어떤 노력들을 해야 할까요?

내 의견을 조직에서 부정하면
오히려 즐겁다

어느 과자회사에서는 신상품을 출시하기 전에 전 사원이 모여서 맛을 보고 품평회를 연다고 한다. 사원들의 평가를 듣고 어떤 과자를 신상품으로 출시할지 정하기 위해서다. 그런데 모든 사원들이 맛이 없다거나 처음 보는 맛이라고 평가한 과자를 신상품으로 정한다고 한다. 그러면 오히려 시장에서 성공할 가능성이 높다는 것이다. 같은 회사를 오랫동안 함께 다닌 사원들은 본인들도 모르는 사이에 다들 입맛이 같아져 있기 때문이라고 한다.

마찬가지로 내가 무슨 일을 하려고 할 때 내 의견에 대해서 주변 사람들이 부정적인 반응을 보인다면 이 일은 주변 사람들의 입맛을 벗어난 것이다. 전혀 교류가 없거나 전혀 다른 상황에 있는 사람들이라면 이들과 다르게 평가할 것이다. 그러므로 내 의견을 주변 사람들이 부정적으로 평가한다면 '아, 내가 오랜만에 신선한 생각을 했구나' 하고 자랑스럽게 여겨야 한다.

어떤 사람은 부정적으로 평가받는 것이 자신의 실력이나 권위가 없기 때문이라고 생각하기도 한다. 이런 경우에 필요한 것은 나의 자신감이다. 적당한 자신감은 인생의 윤활유와 같다. 물론 자신감에는 근거 없는 자신감도 있다. 근거 없는 자신감은 경험이 없기 때문에 생기는 것으로 이런 경우라면 실패를 경험했을 때 자신감이 사라지고 쉽게 회복할 수 없다.

우리나라 사람들은 '어떻게 되겠지'라는 생각을 많이 하는 것 같다. 특히 창업하는 사람 중에는 낙천적인 사람이 많다. 미래가 약간 불확실한 것에 오히려 재미를 느끼며 미래는 자신의 능력에 따라 어떻게든 바꿀 수 있다고 생각하는 사람이다. 이런 낙천성이 있으면 새로운 업에 자신의 인생을 걸 수도 있다.

그런데 아무리 자신감이 충만한 사람이라도 다른 사람이 내 의견에 부정적으로 반응하면 힘들어한다. 남의 시선에서 완전히 자유로운 사람은 없기 때문이다. 우리는 누구나 남의 시선에서 조금이라도 자유로워지려는 노력을 해야 한다. 산이 높으면 골이 깊다는 것을 인식해야 한다. 내가 존재감을 가질수록 주변의 시선이 집중되고 평가도 극과 극으로 갈라진다. 나에게 필요한 것은 스스로 내 인생의 방향 감각을 유지하고 있는지 확인하는 것이다. 만약 내 인생이 제대로 흘러가고 있다면 지금처럼 진행하면 된다. 나에게만 집중하기도 어려운데 다른 사람까지 의식한다면 내 인생은 언제 만들어가겠는가?

주변 사람들의 부정적인 반응을 즐거워하면서 내가 생각한 일을 진행하려면 자기관리 능력이 필요하다. 자기관리 능력은 나의 감정을 제어하고 나 스스로에게 동기를 부여하며 좋은 행동 습관을 들이는 힘을 말한다. 이 능력은 매우 중요한 능력이지만 가지기 어렵다. 시간을 들이고 노력해야만 개발할 수 있는 능력이기 때문이다. 자기관리 능력이 높은 사람은 자신이 하려는 일을 안정적으로 실행하며 필요한 지식과 기술을 착실하게 습득한다.

자기관리를 잘하려면 평소에 스트레스를 담아두지 않아야 한다. 화학공장을 생각해보라. 가스가 통과하는 파이프 속에 가스가 너무 차면 언젠가 폭발할 수 있다. 그래서 가스관에는 가스를 빼내는 밸브가 있다. 주기적으로 이를 열어서 가스를 빼내야 한다. 누구나 본인도 모르는 사이에 스트레스가 쌓인다. 그러므로 주기적으로 이를 해소해야 한다. 돈도 들지 않고 건강에도 좋은 스트레스 해소 방법이 있다. 자주 걷고 한 번씩 하늘을 올려다보는 것이다. 시내를 걸으면서 주변 건물도 쳐다보고 거리도 쳐다보고 가로수도 쳐다본다. 그러면 지금까지 보이지 않던 것이 보이게 된다. 사소한 발견에서 즐거움을 느낀다.

다른 사람의 부정적인 의견을 즐겁게 받아들이기 위해서 또 하나 필요한 것이 감정제어 능력이다. 감정제어 능력은 마음의 흔들림을 제어하는 능력이다. 이 능력은 표현하는 능력과 승화시키는 능력으로 나눌 수 있다. 표현하는 능력은 내 감정이 어떻게 흔들리는지 이해하고 이를 글이나 행동으로 표현하는 것이다. 승화시키는 능력은 마음의 흔들림을 추진력으로 바꾸는 능력이다. 이 두 가지 능력을 갖게 되면 감정제어는 쉽게 할 수 있다.

12

나는 왜
항상 바쁜 걸까?

나의 미래를 위해서 미리 시간을 들여 무엇인가를 한다는 것이 정말 쉽지 않습니다. 지금 당장 해야 할 일에 조급해지기도 하고 계획을 세워도 예상치 못했던 일이 생기기도 합니다. 그러다 보면 결국 미래를 위해서 해야 할 일은 지금 당장은 급하지 않은 일이 되어 우선순위에서 항상 밀리게 됩니다. 어떻게 하면 좀 더 효율적으로 시간을 관리해서 미래를 위해 계획한 일을 잘 해낼 수 있을까요?

능력 있는 사람은

절대로 바쁘지 않다

대통령은 시간을 1분 단위로 쪼개어 관리한다고 한다. 대기업 경영자는 5분 단위로 시간을 쪼개어 관리한다. 누가 보아도 하루 24시간을 거의 빈틈없이 사용하는 사람들이다. 그런데 이렇게 바쁘게 움직이는 사람들이 바쁘다고 말하는 것을 들어본 적이 있는가. 아마 없을 것이다. 왜냐하면 너무나 당연하게도 바쁘기 때문이다.

많은 사람에게 동시에 이메일을 보내면 누구에게서 가장 먼저 답장이 올까? 나도 여러 번 경험한 적이 있는데 사회적으로 훌륭한 사람들에게서 가장 먼저 답장이 온다. 물론 답은 짧고 명료하다. 그렇게 바쁘게 살고 있는 사람이 어떻게 그렇게 신속하게 답을 할까? 그들은 바쁘다는 말을 하지 않는다. 그 대신 한 건 한 건을 신속하게 처리하는 데 집중한다. 이메일도 신속하게 답을 함으로써 한 건을 처리한다. 이메일에 신속하게 답을 하면 짧게 답을 해도 이상하지 않다. 그런데 며칠 후에 답을 하는데 짧게 답을 하면 무성의하거나 무례하게 보이기도 한다. 그러므로 이메일에 대한 답을 늦게 할수록 답의 내용은 길어지게 된다.

그런데 별로 훌륭하지 않은 사람일수록 답이 늦게 온다. 그러면서 너무 바빠서 답이 늦었다고 말한다. 그러니 바쁘다는 말을 자주하는 사람일수록 훌륭하지 않은 사람이라고 판단해도 별 문제가 없다. 언제나 바쁘다는 말을 입에 달고 사는 사람은 주변에서 보면 하는 일이 많은 것 같지도 않은데 항상 시간이 모자란다고 말한다. 24시간은 누구에게나 똑같이 주어졌는데 사람마다 시간을 사용하는 방법이 너무 다르다.

바쁜 생활을 하다 보면 일과 생활의 균형을 잡기도 어렵다. 일과 생활의 균형은 모든 사회인들의 바람이다. 우리나라는 OECD 국가 중에서 두 번째로 노동시간이 길다고 한다. 일 중심으로 움직이다 보니 개인생활이 없다는 말도 한다. 그러므로 일과 생활을 구분하려면 노력이 필요하다. 우선 주말에는 세 시간 이상 혼자서 걸어보자. 요즘은 올레길이나 하천변 산책로가 많이 있으니까 멀리 가지 않아도 걸

기 편한 곳이 많다. 길을 걸으면서 길가에 피어난 잡초도 바라보고 저 멀리 보이는 건물의 창문도 쳐다보고 하늘도 한 번 올려본다. 그리고 하루에 10분이라도 일과 전혀 상관이 없는 소설을 읽어보자. 정 시간이 없다면 하루에 시 한 편만 읽는다. 시 한 편에서 문장 하나만 기억한다. 해야 할 일의 리스트를 만들고 각 항목마다 납기를 적는다. 그리고 오늘 해야 할 일만 생각한다. 지금부터 한 시간 이내에 해야 할 일만 한다. 만약 한 시간 예상한 일을 50분 이내에 마쳤다면 남은 10분을 아주 우아하게 즐긴다.

이런 식으로 일을 하면 대부분 시간에 여유가 생긴다. 나는 신문에 칼럼을 쓰는 경우 반드시 제출해야 하는 마감일에서 역산한 날짜를 기준으로 하지 않고 원고를 의뢰받은 날 이후로 며칠 내에 작성해야 하는지를 기준으로 삼는다. 이메일에 대한 답변은 하루 이내로 한다. 이렇게 하면 생각했던 것보다 더 일찍 일을 마치기 때문에 항상 마감에 여유가 있다. 능력 있는 사람은 생산량이 많지만 절대 바쁘지 않다.

13

그렇게
비판적 시각으로
볼 필요가 있을까?

주어진 상황에서 하루하루 최선을 다하는 게 중요하다고 생각하지만 사회에는 딱 이거다 싶은 답은 없는 것 같습니다. 저는 평소에 다른 사람의 행동이나 사건에 숨겨진 의도를 생각하거나 다른 시각으로 바라보는 것을 좋아합니다. 그런데 이렇다 보니 뭐든지 의심하는 성격이 돼버렸어요. 어떻게 하면 의심과 비판적 시각의 균형을 유지할 수 있을까요?

사물을 이해하면

한 입으로 두말한다

다음 상황을 생각해보자. 어떤 사람이 눈앞에서 손에 쥐고 있던 볼펜을 놓았다. 볼펜은 어떻게 되었을까? 대부분 볼펜이 아래로 떨어졌다고 말할 것이다. 과연 그럴까? 만약 천정에서 내려다보고 있다면 볼펜의 윗부분만 보이니까 위에서 아래로 떨어졌다고 해도 아무런 이동도 하지 않은 것처럼 보인다. 옆으로 누워서 보고 있었다면 볼펜은 왼쪽에서 오른쪽, 혹은 오른쪽에서 왼쪽으로 이동한 것처럼 보인다. 만약 물구나무를 선 채로 보고 있다면 볼펜은 위로 올라간 것으로 보인다. 등 뒤에 서 있는 사람이라면 무슨 일이 일어났는지 전혀 알지 못한다. 즉, 볼펜이 위에서 아래로 떨어졌다고 말한다면 바라본 사람이 정면에 서 있었다는 것을 알 수 있다. 이처럼 우리가 가지는 의견이란 관점에 따라서 전혀 다른 내용이 된다. 경우에 따라서는 모든 의견이 다 타당하며, 또 어떤 경우에는 모든 의견이 다 틀리다. 이처럼 같은 상황이라도 위, 아래, 앞, 오른쪽, 왼쪽, 뒤 등 다양한 관점에 따라 의견은 모두 달라진다. 아니, 의견이 다른 게 정상이다. 만약 상대방이 어떤 관점을 가지고 말하는지 알고 있다면 볼펜은 떨어진다, 올라간다, 왼쪽으로 이동한다, 아무 일도 없다는 식의 다양한 논리를 다 이해할 수 있다.

우리는 지금까지 상식이라고 생각하고 있던 내용이라도 언제든 비상식이라고 생각하고 비판을 할 수 있어야 한다. 건전한 비판이란 나의 대안을 제시할 수 있는 것이다. 우선 상대방의 이야기를 경청하고 그 사람의 논리를 이해하려고 노력한다. 그리고 이 논리는 수많은 논리 중의 한 가지이며 절대불가침의 논리가 아니라고 생각한다. 이를 위해서 필요한 것이 다양한 관점을 이해하는 것이다.

상대방의 관점을 이해하려면 일구이언 연습이 크게 도움이 된다. 일구이언이란 한 입으로 두말을 한다는 의미인데 원래 그리 좋은 의미에서 사용되는 것은 아니다. 그러나 일구이언을 연습하면 나와 상대방이 각자 어떤 관점을 가지고 있는지 분명하게 이해할 수 있다. 사물을 다양한 관점으로 이해할 수 있는 능력이 생긴다.

일구이언 연습을 하려면 먼저 주제를 정해야 한다. 이때 결론이 너무 분명한 주제는 피하는 게 좋다. 그 대신 이런 주장과 저런 주장이 나름대로 일리가 있을 만한 주제를 선택한다. 혹은 각자의 입장에 따라서 서로 다른 주장이 나올 수밖에 없는 내용을 주제로 정한다. 예를 들어 각자의 논점을 아래와 같이 상반되게 전개할 수 있는 주제가 좋다. 필연과 우연, 성공과 실패, 만족과 불만, 강점과 약점, 긍정과 부정, 행동과 평론, 충분과 부족, 창조와 모방, 선두와 추종.

만약 선두와 추종이라면 다음과 같은 방식으로 일구이언의 주제를 정한다. "기업의 경쟁전략으로 적합한 것은 선두에 서는 것인가 추종하는 것인가?" 먼저 선두에 서야 한다는 주장을 논리적으로 펼친다. 데이터를 인용하고 기업 사례를 찾아서 내 주장을 뒷받침해야 한다. 이렇게 주장한 후에 이번에는 추종해야 한다는 주장을 논리적으로 펼친다. 만약 인용한 데이터가 앞서 인용한 것과 같은 데이터라면 해석을 완전히 반대로 해야 한다. 일구이언 연습은 나 혼자서도 할 수 있지만 다른 사람과 둘이 하거나 두 사람씩 팀을 구성해서 할 수도 있다. 사회자 역할을 두고 진행할 수도 있다. 나도 수업을 할 때 학생들에게 이 연습을 종종 시킨다. 우선 참가자를 선정해야 한다. 만약 필요한 참가자보다 더 많은 지원자가 있는 경우에는 지원자들이 가위바위보를 하게 한다. 그래서 진 사람을 참가자로 선정한다. 그러면 각 지원자들은 서로 지려고 하는데 이기는 것도 마음대로 안 되지만 지려고 하는 것도 마음대로 되지 않는다. 이런 다양한 방식을 적용하는 목적은 관점의 다양성을 이해하기 위해서다.

　사회생활에서 만나는 문제 중에는 정답이 없는 경우가 더 많다. 문제를 풀기보다 문제를 정의하는 것 자체가 더 어렵다. 사회에는 다양한 관점이 존재한다는 것을 이해하고 사회의 다양한 문제를 새로이 정의하고 풀어가는 훈련이 일구이언이다. 만물에는 음과 양이, 손에는 손바닥과 손등이 있듯이 세상에는 다양한 관점이 존재하며 각자가 타당성을 주장한다. 만약 상대방의 관점을 이해할 수 있다면 나의 논리를 펴기가 더 수월해진다.
　싸움은 양쪽 이야기를 다 들어야 한다. 이를 위해 평소에 언론 기사는 다양한 매체를 균형 있게 읽는 게 좋다. 균형적인 관점을 가지기 위해서 토론을 들을 때 절반은 이쪽, 절반은 저쪽의 입장에서 듣는 게 좋다. 각자의 관점을 이해한 다음에는 토론 내용에 대해서 건전하게 비판한다. 막연하게 비판만 하는 것이 아니라 문제를 해결하기 위한 대안을 제시한다. 물론 대안에는 합당한 근거가 있어야 한다.

상대의 의견을 비판한다는 것은 의견에 반대한다는 의미가 아니다. 의식적으로 비판적인 사고를 하면서 반드시 내 주장을 뒷받침할 수 있는 근거를 확보해야 한다. 비판을 위한 비판을 하면서 대안을 제시할 수 없는 것이 문제다. 의심은 대안이 없이 무조건 싫은 것이지만 건전한 비판은 대안이 있는 것이다. 건전한 비판은 세상의 발전을 위한 촉매가 되며 그 결과 세상을 좋아지게 한다. 그러므로 건전한 비판을 하는 것은 좋은 일을 하는 것이다.

일구이언을 위해서는 논리적인 사고력이 필요하다. 만약 논리적 사고력을 단기간에 습득하려고 한다면 결과도 안 나오고 초조해지기만 한다. 논리적 사고력은 나 스스로가 가지는 절대적인 논리도 있고 토론에서 상대방 논리에 대응하기 위한 상대적인 논리도 있다. 상대적인 논리는 일구이언 토론을 통해서 습득할 수 있다. 나의 절대적인 논리는 하나의 주제에 대해서 다양하게 가시화하는 연습을 통해서 습득할 수 있다. 가시화는 목적과 관점에 따라 논리가 다른 것을 쉽게 표시해낼 수 있다.

일구이언의 성과를 판단하기 위해서는 두 가지 상반된 주장이 어느 정도 설득력이 있는지 판단해야 한다. 주장이 옳다거나 그르다고 하는 판단은 하지 않는다. 논리의 구성이나 인용한 데이터가 적절했는지만 판단한다. 그걸로 충분하다.

일구이언을 해보면 내가 다른 관점에서 말했던 주장에 스스로 발목을 잡히기도 한다. 아마 과거에 내가 가졌던 생각과 지금의 생각이 너무 달라 스스로 깜짝 놀란 경험이 한두 번씩은 있을 것이다. 하지만 이는 그동안 새로운 관점이 생겼거나 성장했다는 뜻이 될 수 있다.

14

나는 왜 사소한 말 한마디에도 무너지는가?

가끔씩 다른 사람들의 사소한 말 한마디에도 무너질 때가 있습니다. 남의 시선을 의식하지 않고 온전히 자신에게 집중하는 사람을 보면 부럽습니다. 남이 나를 어떻게 생각할지 걱정하지 않고 내 생각을 지키고 나에게 집중하기 위해서는 어떤 훈련이 필요할까요?

내 인생의 파도에
정면으로 맞선다

나는 어릴 때부터 부산에서 살아서 자연스럽게 해수욕장에서 노는 일이 많았다. 해수욕장에서 빌리는 보트는 주로 남자는 노를 젓고 여자는 편하게 앉아서 대화를 나누는 데이트 공간이었지만 우리들에게는 신 나는 장난감이었다. 우리는 평화롭게 이용해야 할 보트를 군함이라고 상상하고 해전을 벌였다. 우선 보트 두 척을 빌리고 각 보트에 세 명씩 탄다. 그리고 두 척이 함께 조그만 섬으로 가서 홍합을 딴다. 홍합의 크기는 아기 손바닥보다 작았는데 이를 보트 두 척에 비슷한 분량으로 나누어 싣는다. 그리고 두 척은 멀리 떨어져서 대기한다.

그러다가 동시에 '시작'이라는 구호를 외치고 나면 상대방에게 홍합을 던지면서 전투를 벌인다. 너무 멀리 있으면 홍합의 유효사거리를 벗어나기 때문에 어느 정도 접근해야 적에게 치명상을 입힐 수 있다. 치명상이란 적군의 옷을 최대한 많이 적시는 것이다.

이때 중요한 것이 전술이다. 예를 들어 적함을 향해서 전속력으로 다가간 후에 홍합 폭탄을 던지고 번개처럼 후퇴하거나 적함과 나란히 항해하면서 세 명이 함께 홍합 폭탄을 던지는 물량작전을 펼치는 식이다. 보트에는 세 명이 일렬로 나란히 앉게 되는데 한 명은 폭탄을 발사하고, 한 명은 선장으로서 전투를 지휘하면서 보트 항해를 책임지며, 나머지 한 명은 상황에 따라 항해와 폭탄 발사의 임무를 병행해야 한다.

사실 보트 전투 자체가 초등학생들에게 쉬운 놀이는 아니다. 혹시 호수에서 노 젓는 보트를 타본 적 있는가? 호수 물이 조금만 출렁거려도 보트는 크게 흔들거린다. 그런데 바다에서 보트를 타면 호수와는 비교하기 어려울 정도로 거친 파도 때문에 위험이 급증한다.

그래서 선장은 보트가 뒤집어지지 않도록 항상 파도의 방향에 신경을 써야 한다. 특히 큰 어선이라도 지나가면 보트가 견디기 어려울 정도로 큰 파도가 밀려오는데 이때 파도와 보트가 직각이 되지 않으면 보트는 뒤집어지고 만다.

그래서 파도가 오는 방향을 미리 파악하고 보트의 뱃머리가 파도를 향해서 직각이 되게 한 다음 파도를 타고 넘어야 한다. 파도를 넘을 때 뱃머리가 크게 올라갔다가 파도를 넘으면서 아래로 풀썩 떨어지는데 멀리서 보면 보트가 파도 속으로 들어갔다 나왔다 하는 것 같다.

이런 상황에서 적의 군함이 어디에 있는지 또 어떻게 공격할 것인지를 동시에 판단해야 한다. 그러니 초등학생들이 바다에서 보트를 타고 해전놀이를 한다는 것이 물리적 정신적으로 얼마나 힘들었겠는가. 그렇게 한 시간 정도 놀다 보면 힘이 다 빠져서 더 이상 노를 젓기도 어렵고 홍합 폭탄도 다 떨어진다. 그즈음 되면 보트 대여하시는 분이 멀리 모래사장에서 우리를 부른다. 시간이 되었으니 이제 돌아오라는 것이다. 그러면 우리들은 무승부를 선언하고 다음 해전을 기약하면서 철수한다. 누가 보면 거지 같다고 했을 것이다. 옷은 다 젖어 있고 온몸은 피곤해서 축 늘어져 있으니까. 이렇게 에너지를 소진하고 나면 당분간은 과격한 놀이는 할 수 없을 정도였다.

보트를 타고 해전 놀이를 할 때에는 홍합 폭탄을 멋있게 던져서 적에게 치명상을 입히는 것이 목적이다. 그런데 다가오는 파도를 넘지 못하면 보트가 뒤집어지기 때문에 전투는 그걸로 끝이 난다. 그래서 선장의 가장 중요한 임무는 보트의 생존이다. 일단 보트가 살아 있어야 전투를 하든지 후퇴를 하든지 할 수 있다. 그래서 우리는 항상 보트가 조금만 더 컸으면 좋겠다고 했다. 조금 더 큰 배는 조금 더 큰 파도를 쉽게 넘어서니까.

바다에는 10만 톤이 넘는 거대한 선박도 있다. 이렇게 거대한 선박은 어지간한 파도에는 요동도 하지 않는다. 그러나 거대한 선박 역시 파도에 전복되지 않으려면 보트와 같은 방식으로 파도를 타고 넘어야 한다. 만약 보트가 작은 벤처라면 거대한 선박은 글로벌 대기업이라고 할 수 있다. 보트가 일반 서민이라면 거대한 선박은 고관대작일수도 있다. 그러나 어떤 경우든지 바다라는 인생에서는 견디기 어려울 정도로 큰 파도를 만나게 되는 법이다. 작은 파도는 항상 있다. 파도가 있으니까 바다. 이때 뒤집히지 않으려면 파도에 대해서 정면으로 맞서야 한다. 뱃머리가 파도에 직각으로 향하지 않으면 아무리 큰 배라도 뒤집어진다.

남의 시선에서 완전히 자유로운 사람이 있을까? 있을 것 같지 않다. 그러나 남의 시선에서 조금이라도 자유로워지려는 노력은 가능하다. 우선 내 인생이라는 보트의 선장은 나 자신이라는 것을 명심해야 한다. 살아가는 게 아무리

투쟁이고 전투라고 하지만 일단 보트가 바다에 떠 있어야 이야기가 시작된다. 전투에 집중하느라 파도가 오는 것을 보지 못하고 그 결과 배가 뒤집어지면 선장의 책임이다.

그런데 파도는 한 번만 오고 그치는 게 아니라 계속해서 온다. 멀리서 큰 배가 지나가면 얼마 안 가 나의 보트에도 큰 파도가 밀려온다. 그래서 선장은 내 배의 주변만 보는 것이 아니라 멀리까지 볼 수 있어야 한다. 언제 어떤 파도가 어느 방향에서 올지 미리 예측해야 한다. 그리고 파도를 향해서 뱃머리가 직각이 되도록 배치하고 파도를 정면으로 타고 넘어야 한다. 선장에게는 미래에 대한 통찰력과 현실에 대한 돌파력이 모두 필요하다.

내가 보트의 선장이라면 남의 시선을 의식할 틈이 없을 것이다. 멀리서 오는 파도를 예측하고 눈앞에 있는 파도를 타고 넘기도 바쁘며 더군다나 적함의 공격을 피하면서 우리도 공격을 해야 하는데 언제 남의 시선을 의식하겠는가? 파도는 마치 인생의 갈림길과 같다. 파도를 타고 넘으면 적함을 공격하기 좋은 위치에 있을 수도 있지만 파도를 제대로 넘지 못하면 적에게 공격을 당하는 정도가 아니라 나의 보트가 뒤집어진다.

15

나는 왜
다른 사람
앞에만 서면 떨릴까?

다른 사람 앞에서 스피치할 때 외향적인 성격이면 스피치를 잘할 가능성이 더 높다는 주장도 있고 관련이 없다는 주장도 있습니다. 저는 처음의 가능성은 모두 비슷하고 의지와 노력에 의해 점차 차이가 난다고 생각합니다. 교수님은 어떻게 생각하세요? 자신의 의지와 노력만 있으면 스피치를 잘할 수 있을까요?

좋은 스피치는

절실한 마음에 달려 있다

학교에서든 직장에서든 모임에서든 누구나 언제든지 짧게 스피치할 기회가 많이 있다. 그런데 평소에 말을 잘하는 사람이라도 여러 사람 앞에서 막상 멍석을 깔아주면 스피치를 제대로 못하는 경우가 많다. 말의 요점이 불분명하거나 논리의 전개가 빈약하거나 하는 등 합격점을 주기 어려운 사람도 많다.

스피치를 잘하는 사람은 대개 목적에 대한 성취욕이 매우 강하다. 무엇보다 내가 이 스피치에서 무엇을 얻고 싶은지 생각해보자. 돈? 명성? 직위? 성적? 어느 것이라도 좋다. 절실하게 얻고 싶은 것이 있다면 그 마음은 자세에도 묻어

난다. 본인은 몰라도 그 스피치를 듣는 청중은 순식간에 알아차린다.

　어느 중학생이 첫사랑을 이야기하면서 상대방에 대한 느낌을 말하는 것을 TV에서 본 적이 있다. 아직 어린 나이고 표현력도 충분하지 못했지만 첫사랑에 대한 느낌이 너무 절실하니까 이를 듣는 중년의 청중들이 모두 숙연해지면서 눈물을 훔쳤다. 언어가 아니라 절실한 마음을 느낀 것이다. 훌륭한 스피치는 성격도 아니고 언어도 아니다. 절실한 마음이다.

　절실한 마음을 청중에게 제대로 전달하려면 연출도 필요하다. 연출은 연습을 통해서 완성된다. 나는 수업에서 학생들에게 종종 연습을 시키는데 주제가 있을 때도, 없을 때도 있다. 어쨌든 자기의 주장을 3분간 스피치하도록 한다. 그런데 꼭 지켜야 할 사항이 있다. 첫째, 중요한 내용을 먼저 말한다. 이야기 전체를 두괄식으로 풀어가라는 의미다. 그래야 청중은 내가 무슨 말을 하는지 쉽게 이해한다. 둘째, 한 번 정도는 꼭 청중을 웃게 하라고 한다. 연사와 청중이 함께 웃으면 그때부터 연대감이 생기기 때문이다. 셋째, 3분이 되면 무조건 끊는다. 시간을 지키지 못하는 스피치는 그 자체로 불합격이다. 발표자가 논리력이 없으면 시간을 못 지킨다. 그래서 2분 30초가 되면 이를 발표자에게 알려준다.

발표할 주제를 알려주고 발표자 지원을 받는 경우에 만약 너무 많은 지원자가 있으면 발표할 키워드를 먼저 공개하게 한 후 투표를 진행한다. 이렇게 해서 표가 많은 순서대로 발표자를 정한다.

이런 방식을 이용하는 목적은 분명하다. 만약 학회에서 발표를 한다면 미리 요약본을 보내서 심사위원들의 허락을 받아야 논문을 제출하고 발표할 수 있다. 연구개발을 하는 경우나 신규사업을 전개하는 경우에도 미리 몇 가지 키워드와 기본 개념을 제안하면 의사 결정권을 가진 사람이 이를 승낙하거나 거부한다. 이러한 방식을 발표자 선정에 적용하는 것이다.

스피치가 끝나면 청중에게 발표자가 고쳤으면 좋겠다고 생각하는 점을 지적하게 한다. 본인도 모르는 습관이나 단점을 지적하게 하려는 것이다. 이런 방식을 적용하면 스피치를 듣는 청중들도 좀 더 분석적이고 종합적으로 듣게 된다. 발표의 내용만이 아니라 태도나 억양, 느낌 등 전체를 보게 된다.

그러나 청중의 지적에 대해서 발표자는 본인의 생각을 설명하지 못하게 한다. 변명하지 말라는 의미다. 가볍게 말하고 다른 사람이 지적하면 금세 변명하는 태도는 처음부터 주의해야 한다. 이런 태도는 고치기가 너무 어렵다.

청중과의 연대감 또한 매우 중요하다. 유럽의 어느 국제 학회에 갔는데 내가 발표할 세션이 갑자기 취소가 되면서 나는 전혀 엉뚱한 주제를 다루는 세션에서 발표를 하게 된 적이 있다. 학회는 전문적인 연구내용을 발표하는 곳이기 때문에 주제가 다르면 발표자가 무슨 말을 하는지 전혀 알아듣지 못한다. 그러나 어쩔 것인가. 기왕 여기까지 왔으니 다른 동네 사람들에게 내가 하는 연구를 소개해야겠다고 마음먹었다. 그래서 이렇게 발표를 시작했다. "지금 나는 행복하다. 왜냐하면 내 발표가 취소될 뻔했는데 이렇게 다른 동네에 와서 발표하게 되어서다." 그리고 말을 이어나갔다. "이제부터 여러분은 행복할 것이다. 왜냐하면 나의 연구 성과를 들을 수 있을 테니 말이다." 그러자 청중들이 박수를 치면서 흥미를 보이기 시작했다. 결국 이 발표는 크게 성공했다. 발표가 끝나자 다른 동네 사람들이 나에게 와서는 다음 학회에서도 꼭 이 동네에 와서 발표하라고 권하는 것이다. 물론 다음 학회에서는 내가 노는 동네에서 발표했다.

사용하는 용어에도 주의해야 한다. 학술대회에서는 전문용어를 사용해야 하고 동업자들이 모인 곳에서는 업계용어를 사용해야 한다. 그러나 여러 분야의 사람들이 모인 곳에서 발표할 때에는 가능한 한 알기 쉽게 말해야 한다. 특히 약어를 사용하지 않아야 한다.

스피치에서는 '다'와 '까'를 이용해서 적절하게 문장을 끝맺어야 한다. 문장에 끝이 없이 계속 이어지게 말하면 청중들이 이해하기 어렵다. 목소리의 톤은 한 단계 높여서 말하는 게 좋다. 왜냐하면 청중에게 나의 말이 들리는지, 청중이 내 말에 집중하고 있는지가 중요하기 때문이다. 누구나 중저음의 좋은 목소리를 가지고 있지는 않기 때문에 톤을 올려서 적어도 내가 하는 말을 제대로 듣게는 해야 한다. 목소리의 톤, 자연스러운 대사, 보기 좋은 발표자료, 청중과의 연대감 등 중요한 요소가 있겠지만 청중이 나중에 '이것' 한 가지는 기억에 남도록 만들 내용은 꼭 있어야 한다.

스피치를 잘하려면 연습이 필요하다. 그래서 거울을 보고 연습하거나 비디오를 찍어서 본인의 모습을 보는 방법을 많이 사용한다. 발표를 잘하기로 소문난 스티브 잡스는 한 번의 스피치를 위해서 연습에 연습을 거듭했다고 한다. 좋은 스피치는 연습의 결과다.

스피치를 잘하기 위해서는 경험을 축적해야 하지만 직접 경험만으로는 부족하기 때문에 간접경험을 위해서 책을 읽는 게 좋다. 책은 다양한 분야를 읽어야 한다. 더 좋은 방법은 시를 읽는 것이다. 시를 읽으면 상황을 요약하거나 은유하는 방법을 배우게 된다.

16

나에게는
승진만이 살 길인가?

저보다 먼저 승진한 친구를 보기만 해도 너무 부러워서 우울해질 때가 있습니다. 이런 질투는 있는 게 좋을까요? 아니면 그냥 순수하게 기뻐해주는 마음을 가지려고 노력하는 것이 좋을까요?

먼저 올라간 사람이

먼저 간다

　　나도 회사를 다닐 때 승진을 앞두고 있는 시기에는 고민이 많았다. 만약 승진을 못한다면 이 회사에서는 나의 가능성을 높이 평가하지 않는다는 의미다. 만약 승진을 한다면 더욱 열심히 일해야 하는데 그러다 보면 결국 회사인간이 될 것이다. 결국 승진을 하든 못하든 미래의 나 자신에게는 불안과 불만이 생길 것이었다. 나는 결국 승진 시기를 앞둔 시점에 회사를 사직했다.

　　월급쟁이에게 승진과 연봉을 빼고 나면 무엇이 남을까? 신입사원이나 상사나 승진은 중요한 갈림길이다. 승진하지 못하면 옷을 벗어야 하는 조직도 있다. 그만큼 승진이 월급쟁이에게는 중요한 일이다. 학교를 졸업하고 회사에 취업하면 동창생들 사이에서 누가 어떤 직급으로 승진했는지가 화제가 된다. 승진이 빠른 게 곧 출세라고 생각하기 마련이다.

그런데 요즘은 분위기가 점점 변하고 있다. 한 20년 전에는 입사 동기보다 2~3년 승진이 늦으면 주변에서 마치 문제아를 보듯이 대했고 당사자는 마치 패잔병처럼 행동하기도 했지만 이제는 오히려 승진하는 걸 두려워한다. 회사에서 승진을 중도 퇴직을 권하기 위한 수단으로 사용하기 때문이다. 40대 부장을 임원으로 승진시킨 후 2년 후에 자연스럽게 재계약을 하지 않는다. 임원은 계약직이기 때문에 회사로서는 퇴사시키기가 너무 편하다. 오죽하면 임원은 임시직원이며 항상 칼 위에서 춤을 추고 있다고 하겠는가. 승진을 하지 않을수록 회사에 더 오래 있을 수 있기 때문에 무슨 말을 듣더라도 꼭 붙어 있으라고들 한다. 그 결과 월급쟁이의 희망인 연봉과 승진 중에서 승진이 사라지고 연봉만이 남았다. "먼저 올라간 사람이 먼저 간다"라는 말이 있다. 먼저 승진한 사람이 먼저 퇴사하고 먼저 출세한 사람이 먼저 은퇴한다는 의미다. 우리나라 사람의 평균 기대수명이 80세를 넘어서고 있다. 만약 친구들보다 먼저 승진하고 앞서간 사람이라면 친구들보다 먼저 은퇴하고 등산을 시작하기 쉽다.

사실 조직에서는 다른 사람이 승진하고 좋은 성과를 내

는 것을 보면 마음이 복잡해진다. 친구가 잘되면 겉으로는 축하하지만 속으로는 질투가 나기도 한다. 그러나 질투가 나의 동기유발이 된다면 이는 매우 좋은 감정이다. 내가 살아 있음을 느끼게 해주니까. 만약 질투를 느끼고 깊은 절망에 빠진다고 해도 이것 역시 좋은 감정이다. 깊은 절망을 느껴본 사람은 용수철처럼 튀어오를 때의 기쁨을 안다.

그러므로 부끄러워하지 말고 질투심을 받아들여야 한다. 그러나 질투가 질투로만 끝나면 너무 아까운 일이다. 질투를 나의 발전을 위한 원동력으로 사용해야 한다. 질투 자체는 내 인생에 긍정적인 감정이지만 나의 발전으로 이어지지 않는 질투는 의미가 없다.

한 사람이 평생 동안 가질 수 있는 감정의 총량이 일정하다면 가급적 인생의 말년에 행복을 사용하는 것이 좋다. 왜냐하면 인생의 초년에는 슬픔, 고통, 어려움, 고독, 낭만, 좌절 등 사용해야 할 감정이 너무 많기 때문이다. 더군다나 이런 감정은 일찍 맛볼수록 내 인생을 풍요롭게 해준다. 그러나 행복은 당장은 사용하기 좋지만 너무 일찍 많이 사용하면 나중에 행복이 모자라게 되어 힘들어진다. 그러므로 질투를 하려면 가능한 이른 나이에 하자. 그러면 질투는 성공을 위한 비료로 사용될 수 있다.

PART **2**

내 삶을

원하는 대로

디자인할

용기

불안한 내 장래를

어떻게 해야 할까?

신입사원으로 취업해서 좌충우돌하면서 몸으로 업무를 습득하던 것도 잠깐, 어느덧 나도 신입사원의 티를 벗고 업무에 적응을 했다. 취업을 하고 나서 1년이 가고 2년이 가더니 어느새 6년이 되었다. 나는 꼬박꼬박 세금을 잘 내는 성실한 월급쟁이로 완벽히 변신했다. 회사생활에 필요한 지식은 거의 다 습득한 것 같았다. 업무는 거의 암기한 수준이었다. 1월에는 무얼 하고 2월에는 무얼 해야 하는지 알고 나니 다람쥐 쳇바퀴 돌듯이 업무가 반복해서 돌아갔다. 상사들의 성격도 다 파악하고 나니 어떻게 대해야 하는지도 확실했다. 그러니 어떤 상사를 만나더라도 크게 즐거워하거나 슬퍼할 필요가 없었다. 어차피 한 2년 있으면 또 다른 상사를 만날 테니까 그저 무난하게만 인간관계를 유지하면 됐다. 오랜 근무시간도 습관이 되어서인지 아무렇지도 않았다.

  그 사이 신상에도 많은 변화가 있었다. 직급은 대리로 승진했다. 리더가 되어 몇 명의 사원들로 구성된 팀을 리드했다. 과장 진급에 필요한 모든 시험은 다 통과했으니까 큰 문제가 없으면 승진도 할 것이었다. 대기업 명함이면 어딜 가도 기죽을 일이 없으니 만사 오케이다.

  크게 좋을 것도 없지만 그렇다고 크게 아쉬울 것도 없는 일상이 계속되었다. 특별한 일만 없으면 하루하루 큰 변화 없이 잘 지냈다. 업무가 끝나면 동료들과 술을 먹기도 하고 당구를 치거나 고스톱을 치기도 했다. 그러다 보니 프로 야구 중계를 보는 게 중요한 일과가 되었다. 날짜가 되면 급여도 꼬박꼬박 들어오니 참 평화로웠다.

그런데 이처럼 완벽한 월급쟁이가 되어 있던 어느 날이었다. 부장이 나를 불렀다. 서둘러 가보았더니 거래처에서 온 손님에게 인사를 하라고 했다. 손님은 나의 명함을 받더니 알은체를 했다. 직접 만난 것은 이번이 처음이지만 내 이름을 많이 들어서 알고 있다고 했다. 사실 우리나라에서는 같은 일을 몇 년 하면 꼭 만나지 않더라도 어느 회사의 누가 어떻다는 소문을 듣게 된다. 나도 그런 단계에 도달한 모양이었다.

문득 내가 꽤 오래 일을 했구나 하는 생각이 들었다. 그러다 순간 일을 너무 오래한 건 아닐까 하는 의문이 들었다. 그리고 깊은 고민에 빠졌다. 이 날은 나의 경력이 크게 달라진 계기가 된 날이다. 유학을 결심하게 된 출발점이 되었으니까.

나는 지금까지 전속력으로 달려온 인생을 되돌아보고 장래에 대해서 깊이 생각하게 되었다. 나의 장래. 나는 언제까지 이 회사를 다닐 수 있을까? 어느 직급까지 승진할 수 있을까? 계속 승진하지 못하면 정년퇴직까지 다닐 수 없다. 만약 임원으로 승진한다면? 임원도 대부분 정년퇴직까지 다닐 수 없다. 승진을 하든 못하든 나는 이 회사를 내 생각보다 더 일찍 그만둘 수밖에 없는 게 현실이다.

회사를 그만둔 후에는 어떻게 될까? 다른 회사로 재취업을 해야 할까? 다른 회사에서는 나의 무엇을 높게 평가하고 받아줄까? 지금 다니고 있는 회사에서는 큰 어려움 없이 업무를 처리하지만 전혀 새로운 회사에 간다면 과연 업무를 제대로 할 수 있을까? 아니, 근본적으로 다른 회사에 취업이 가능할까? 재취업이 어려우면 창업을 해야 할까? 창업을 한다면 빵집이 맞을까? 자금은 어떻게 마련하지? 이렇게 생각하니 나의 능력이 너무 모자란다는 생각이 들었다. 등골이 서늘해졌다. 아무래도 이 회사를 그만두는 순간 사회의 낙오자가 될 것 같은 기분이 들었다. 실력이 없으니 당연한 귀결이다. 그동안 얼마나 현실에 안주하고 태만하게 시간을 보냈는지가 명확해지니 나 스스로에게 변명할 여지가 없었다.

그래서 장래를 위해서 능력을 키워야겠다고 마음먹었다. 박사학위를 받기로 결심한 것이다. 어느 대학에서 공부할지가 문제였다. 박사과정은 직장을 다니면서 시간제로 다닐 수 있는 대학이 많다. 실제로 직장을 다니는 많은 사람들이 그렇게 한다. 그러나 나는 공부에 제대로 한번 빠져보고 싶었다. 직장생활에 대한 반발이나 스스로에 대한 보상심리였는지도 모르겠다.

그런데 공부를 하려면 지금 누리고 있는 것들을 다 버려야 한다. 이번에는 내가 버리려고 하는 것들의 무게가 나를 짓눌렀다. 지금까지 평화롭게 보내온 일상은 더 이상 내 것이 아니게 된다. 만약 공부를 하지 않으면 일상을 유지할 수 있다. 비록 그 기간이 언제까지일지는 모르지만. 새롭게 얻고 싶은 것과 그러기 위해 버려야 하는 것이 계속 내 마음속에서 교차했다.

그러나 한번 독하게 공부하기로 마음먹으니까 새로운 것에 대한 열망이 커지면서 동시에 회사에 대한 미련이 급속히 사라져갔다. 그래서 나는 서둘러 회사를 사직하기로 정하고 상사와 면담했다. 상사는 나에게 이해가 되지 않는다고 말했다. 왜 회사를 그만두는지. 그러면서 덧붙였다. 만약 몇 년만 더 열심히 일하면 회사에서 공부할 기회를 주겠다고. 그러나 나는 알고 있었다. 이런 말은 상사가 직원에게 말하는 상투어다. 의미가 있는 말은 아니다. 회사의 오너가 말해도 지켜지지 않을 약속인데 하물며 월급쟁이 상사가 어떻게 책임을 지겠는가. 이렇게 해서 나의 첫 직장은 7년을 끝으로 마무리되었다.

우리는 누구나 어릴 때에 장래에 무엇이 될지 꿈을 꾼다. 나도 막연하지만 언젠가는 박사가 되어야 한다고 생각했다. 사실 박사학위는 승진도 아니고 연봉도 아니다. 그저 하나의 증명서에 불과하다. 이 사람은 학문을 깊이 연마할 기초가 마련되었으므로 이에 학위를 수여함. 이게 박사학위다. 그러니 잘 다니고 있는 회사를 그만두고 박사과정에 입학한다는 것은 리스크가 크다. 하지만 회사를 계속 다니는 것도 리스크가 크다. 어떤 일을 하든지 리스크가 있다. 그렇다면 나는 내가 원하는 것을 하는 것이 좋겠다 싶었다. 그래서 일본으로 유학을 떠났다. 유학은 내 인생의 커다란 갈림길이 되었다.

누구나 장래를 걱정한다. 그러면서도 가급적 현실에 안주하고 싶어 한다. 장래를 생각하면 현실을 벗어나서 새로운 능력을 키워야 하는데 현실을 벗어나는 게 너무 어렵다. 버리는 것이 무섭기 때문이다. 장래가 불확실하기 때문에 무섭고, 지금 즐기고 있는 일상을 버린다고 생각하니 무섭고, 나의 능력이 없으니 무섭고, 통장에 잔고도 없으니 무섭다. 그러나 장래는 언젠가는 현재가 된다. 막연하게 생각하던 미래는 어느 틈엔가 현실이 된다. 그러므로 일상이 평화스러운 때에 나의 장래를 진지하게 생각해야 한다. 그리고 스스로 갈림길을 만들어야 한다.

17

끝이 좋으면 과정은 필요 없는 걸까?

과정에서 성실하게 노력하고 결과도 좋다면 기쁘겠지만 과정에서 성실했으나 결과가 좋지 않은 경우도 있습니다. 열심히 하지 않았는데 의외로 좋은 결과를 얻는 경우도 있습니다. 과정과 결과 중에서 무엇을 더 중요하게 여겨야 할까요?

결과는 과정 속에

포함되어야 한다

나는 결과보다 과정을 더 중요하게 생각한다. 과정은 어느 정도 제어할 수 있다. 내가 계획한 대로 실행할 수도 있고 하기 싫으면 하지 않을 수도 있다. 계획한 것보다 더 많이 할 수도 있다. 과정에서 중요한 것은 성실성이다. 매일매일 성실하게 보내면 그걸로 만족할 수 있다. 그러나 결과는 내가 제어할 수 없다. 결과는 주어지는 것이기 때문이다. 그런데 문제는 결과가 언제 어디서 어떤 형태로 주어질지 전혀 모른다는 것이다. 영원히 결과가 주어지지 않을 수도 있다. 그러므로 결과는 과정 중의 하나로 녹아들어가야 한다.

내가 두산그룹에 처음 입사했을 때, 그룹 회장과 일대일로 면접했던 게 기억난다. 면접실에 들어가니 긴 방의 한쪽 끝에 회장이 앉아 있었다. 나는 맞은편 끝에 앉아서 몇 가지 질문에 답을 했다. 회장과 나 사이의 거리가 마치 수십 미터는 되었던 것 같다. 면접은 긴 시간도 아니었고 회장이 묻는 것들이 난해한 질문도 아니었다. 그러나 무슨 말을 주고받았는지는 전혀 기억에 없다.

입사 후에는 나름대로 업무에 재미도 느끼고 지식도 많이 쌓았으나 장래의 가능성을 더욱 높이고 싶다는 욕망이 스멀스멀 피어올랐다. 나 자신을 더욱 단련하여 다른 차원의 일을 하고 싶었다. 그래서 회사를 사직하고 유학을 떠나게 되었다.

그런데 막상 회사를 그만두는 날의 심정은 참담하고 무거웠다. 그동안 지니고 있던 사원증과 건강보험증을 반납하고 남아 있던 명함마저 다 버리고 나니 마치 발가벗겨져서 길거리로 나온 듯한 느낌이었다. 태어나서부터 조직을 머리에 이고 살았다. 다섯 살부터 유치원을 다니기 시작해서 대학을 졸업할 때까지는 학교라는 조직을 배경으로 살았다. 그러다가 취업해서는 기업이라는 조직을 배경으로 살았으니 항상 조직에 속해 있었던 셈이다. 조직은 개인보다 강하니까 어딜 가든지 내 이름보다는 조직을 앞세우게 되고 상대방 역시 조직을 배경으로 나를 판단하게 된다. 그런데 처음으로 조직을 벗어나니까 무서웠다. 한 조직에서 수십 년 동안 근무하던 사람이 정리해고되거나 정년퇴직해서 사회에 나오면 마음속으로 얼마나 무서워할지 실감이 났다.

도쿄대학에 가서 컴퓨터를 이용한 제품설계에 대해서 연구했다. 연구할 내용은 많았다. 밤을 세워가며 연구한 끝에 공학박사 학위를 취득했다. 학위를 취득한 후에는 도쿄공업대학에 조수로 임용되었다. 우리나라로 따지면 국립대학에 교수로 임용된 것과 같은 의미다. 지금은 일본의 대학도 미국이나 한국과 비슷한 체계로 변하고 있지만 2000년 초반까지는 일본 대학만의 특징적인 체제로 운영되었다. 국립대학에 조수로 임용되면 일본 정부 부처인 문부과학성 소속의 공무원이 되는데 정식 명칭은 문부교관이다. 취업과 동시에 65세 정년이 보장되며 매년 호봉이 올라가고 그만큼 급여가 올라가게 된다. 당시에 내가 받은 연봉은 일본의 중앙부처 공무원의 평균 수준이었다. 물가를 감안하면 한국의 대학과 거의 비슷한 수준이다.

대학에는 과가 있으며 과에는 연구실이 있다. 연구실은 교수, 조교수, 조수가 한 팀이 되어 기업의 경영진과 같은 역할을 한다. 교수는 사장과 같은 경영 책임자이며, 조교수는 연구개발 책임자, 조수는 연구실 운영 책임자로서 각자의 역할을 하는 게 일반적인 구조다. 내가 있던 연구실에는 학부에서 박사과정까지 모두 사십 명 정도의 학생이 소속되어 있었다. 연구실 명칭은 교수의 이름을 따서 짓는다. 만약 교수 이름이 기무라라면 그 연구실은 기무라 연구실이 된다.

교수가 정년퇴직을 하면 조교수는 교수로 승진하고 조수는 조교수로 승진하며 새롭게 조수를 채용한다. 연구실 명칭은 새로운 교수의 이름으로 바뀐다. 완벽한 도제식 시스템이다. 그래서 출신대학보다 출신연구실이 어디인지가 사회생활에 더 많은 영향을 끼친다. 학회에 가면 같은 연구실 출신들이 하나의 군단을 이루어서 몰려다니는 풍경을 많이 보게 된다. 연구 분야마다 교수에서 교수로 이어지는 계보가 있는데 마치 해당 분야에 성골과 진골이 존재하는 것 같은 분위기가 있다.

이런 특징은 학문적으로 장단점이 모두 있다. 장점은 다른 그룹에 뒤쳐지지 않기 위해서 무척 열심히 일하게 된다는 점이다. 그래서 세계 톱 수준의 연구 성과를 꾸준히 만들어낸다. 단점은 너무 폐쇄적이라서 외부에서 끼어들기가 거의 불가능하다는 점이다. 그리고 한 번 교수의 눈 밖에 나면 어지간해서는 평생 동안 원상회복이 어렵다.

내가 도쿄공업대학에서 조수로 근무하면서 진행한 연

구는 플랜트의 안전을 위한 지능형 컴퓨터 시스템에 대한 것이었다. 그러던 중에 정부기관인 일본정보처리추진기구(IPA)가 공모한 소프트웨어 개발 프로젝트에 응모하여 채택되기도 했다. 채택조건은 단 한 가지였다. 이 세상에 없는 새로운 개념의 소프트웨어를 개발하라는 것이다. 그래서 정보를 분류하고 검색하는 새로운 방식을 연구하고 그 결과물을 제출했다.

마침 일본정부에서는 은퇴한 기술자의 경험과 지식을 활용하여 경제 활성화를 이루려는 프로젝트를 시작했고 도쿄대학이 그 책임을 지게 되었다. 그래서 도쿄대학에서는 프로젝트를 추진할 담당자를 찾게 되었고 나에게 도쿄대학으로의 이직을 제안했다. 도쿄대학과 도쿄공업대학은 모두 국립대학으로 문부과학성 소속이라서 나는 신분의 변동 없이 근무지만 변경하는 형식으로 도쿄대학으로 직장을 옮겼다. 물론 이런 형태의 이직은 드문 경우다.

도쿄대학에서는 정부의 프로젝트에 참여하여 국가 차원의 지식관리에 관한 연구와 개발을 계속했다. 프로젝트가 완료된 후에는 일본정보처리기구의 공모에 또 다시 채택되어 새로운 소프트웨어를 개발하게 되었다. 어린이들이 인터넷에서 유해한 정보를 보지 않게 하면서 인터넷 검색이 곧 학교 공부가 되는 소프트웨어를 개발한 것이다. 이 역시 지금까지 세상에 없던 개념의 소프트웨어를 개발하라는 조건을 만족시키기 위해 노력한 결과물이었다.

    이때 작업한 내용 중에 아직 기억에 남는 것이 있다. 일본의 초등학교에서 이용하는 검정 교과서 다섯 종류를 분석하니 '유관순' '삼일독립운동' '조선'에 대한 내용이 기술되어 있었다. 나는 이런 단어들이 어떤 문맥으로 기술되어 있는지 소프트웨어를 이용해서 분석했다. 그 당시에도 역사 교과서 문제가 중요한 외교문제였는데 역사 교과서만이 아니라 모든 교과서를 분석해서 한국에 관련된 내용이 어떤 문맥으로 기술되어 있는지 분석했으면 좋겠다고 느꼈다. 아직 기회가 없어서 해보지 못했지만 혹시 앞으로 기회가 온다면 일본의 모든 교과서를 분석해보고 싶다.

    소프트웨어 개발 연구는 나의 경력에 크게 영향을 주었다. 창업을 결심한 것이다. 두 번의 소프트웨어 개발을 위해서 내가 받았던 연구비는 합하여 약 5억 원 정도였다. 연구 기간은 합하여 2년 미만이었으니 개인이 받은 연구비로는 상당히 큰 금액이다. 물론 돈보다 중요한 것은 창업의 직접적인 계기가 되었다는 것이다. 나는 내가 대학에서 연구하는 내용이 소프트웨어로 만들어지고 그 소프트웨어가 이 세상에 큰 도움이 되며 세상을 좋게 변화시킬 수 있다는 확신을 가지게 되었다.

　그래서 창업을 결심하고 연구실의 교수와 상의한 후에 총장께 사직한다고 말씀을 드렸다. 이때 총장은 "도쿄대학 교원 중에 창업한다고 사직하는 사람은 처음 보았다"고 말했다. 지금도 1년에 한두 번은 이 당시의 총장과 만나서 살아가는 이야기를 나눈다.

　현실적으로는 정년이 보장된 자리를 버리고 벤처 창업을 결심하는 게 쉬운 일은 아니다. 미래가 무서우니까. 나도 많이 무서웠다. 그러나 두산을 사직하면서 무서운 것을 한 번 겪고 나니 도쿄대학을 사직할 때에는 조금 덜 무서웠다. 물론 전혀 무섭지 않은 것은 아니었다. 그러나 꼭 해보고 싶은 일이었다. 미래에 대한 기대감으로 현재의 무서움을 조금은 희석시킬 수 있었다.

　'가장 소중한 것을 버리지 못하면 새로운 것을 얻지 못한다.' 머리로는 이렇게 생각할 수 있다. 침을 튀겨가며 남에게 조언할 수도 있다. 그러나 막상 나의 일이 되면 정년이 보장된 자리를 버리는 행동에는 매우 큰 용기가 필요하다. 교육자로서 사회의 존경도 받으면서 정년이 보장된 일자리를 사직하고 벤처를 창업했을 때의 내 나이는 42세였다. 인생의 오전에는 아무런 문제가 없던 것이 오후에는 고민이 된다고들 한다. 나도 인생의 정오를 지나면서 내 인생이 대학의 교원으로 마무리되어도 좋은가 하는 의문이 들었다. 물론 일본이라서 더 그랬을 수도 있다. 한국의 대학이었다면 그저 안주했을 가능성도 높았다고 생각한다. 안정된 직장에서 정년퇴직을 할 때까지 급여를 받고 일하다가 인생의 오후 늦게부터 연금을 받으면 큰 문제없이 살아갈 수 있다. 그러나 이런 생활에 회의감을 가지는 사람도 있다. 내가 그랬다.

내가 연구하던 주제는 매우 실용적인 내용이었다. 그러므로 연구 성과가 정말 이 세상을 좋게 하는 것이라면 사람들이 돈을 내고서라도 나의 결과물을 구입해서 사용할 거라고 생각했다. 만약 돈을 내고 구입하지 않는다면 나의 연구는 이 세상에 현실적으로 별로 도움이 안 된다는 것을 의미한다. 그래서 연구 성과를 제품으로 만들어서 이 세상에 한 번 물어보고 싶었다. 기술 사업화를 꿈꾼 것이다. 그 수단이 벤처 창업이었다.

창업한 벤처는 그 후에 데이터를 가시화하는 소프트웨어 패키지 제품을 개발해 연구소, 기업, 정부기관 등에 판매했다. 아무것도 없는 백지상태에서 시작해서 기술을 제품화하고, 제품을 상용화했으며, 실제로 돈을 받고 판매한 것이다. 나는 내가 하고 싶어 하는 일을 했으니 행복했다. 가족도 부양했다. 그 돈으로 사원을 채용해서 일자리 창출에도 보탬을 주었으니 사회의 발전에도 도움이 되었다. 그러므로 나는 좋은 일을 한 것이다.

    이 과정을 통해서 나는 비로소 내가 하는 연구의 본질을 실감할 수 있었으며 내가 가진 지식으로 조금이라도 이 세상에 공헌할 수 있다는 것을 경험했다. 그 후 10년간 벤처를 경영하다가 경영권을 동료에게 넘기고 한국으로 귀국했다. 지금은 카이스트에서 다시 대학교수로서 일을 하고 있다. 그러나 앞으로도 소중한 것을 버리고 새로운 것을 얻는 행동을 반복할 것이다. 그리고 마치 밀물과 썰물이 함께 해야 하는 것처럼 버릴 때마다 무서워하고 얻을 때마다 즐거워할 것이다. 이것이 내가 선택하고 만들어온 내 인생이다.

    안정된 직장을 사직한 후 두려움을 안고 벤처를 시작했으나 시간이 지나고 나서 보니 정말 무서웠던 것은 안정된 직장을 그만두는 것이 아니라 미래에 실패할지도 모른다는 불확실성에 대한 무서움이었던 것 같다. 만약 실패한다면 주위 사람들이 뭐라고 할까를 두려워했는지도 모르겠다. 우리 모두 주위의 평가에 약하니까.

    그러나 두산을 사직하고 유학을 간 것이나 도쿄대학을 사직하고 벤처를 창업한 것은 정말 잘한 결정이었다. 결과가 그리 나쁘지 않았기 때문이기도 하지만 무엇보다 그 과정에서 주도적으로 움직인 것은 나 스스로이기 때문이다. 모든 과정은 내가 결정을 내리고 제어했다. 무엇보다 중요한 건 내가 내린 결정에 대해서 나 스스로 지지해야 한다는 것이다. 나를 가장 믿어주는 사람은 나 자신이어야 한다.

18

나는
누구인가?

교수님은 과거에 진로를 선택할 때 무엇을 가장 중요한 기준으로 정하셨으며 어떻게 불안과 걱정을 떨치고 도전할 수 있었는지 궁금합니다. 진로에 대해서 확신이 있었는지요?

커리어의
출발점을 확인한다

오랜만에 제자가 찾아왔다. 함께 살아가는 이야기를 하다가 제자가 이런 고민을 토로했다. "장래를 생각하면 자신감이 없어집니다. 내가 잘할 수 있을지도 모르겠습니다. 다른 사람들은 다 잘하고 있는데 나만 문제가 있는 것같이 느껴집니다."

이 세상에 불안과 걱정이 없는 사람이 있을까? 혹시 있다면 아마 그 사람은 성인군자이거나 정신적으로 좀 부족한 사람일 것이다. 예수님과 부처님의 이야기를 들어보아도 불안과 걱정에 힘들어하는 모습이 보이니까. 그러니 우선 마음을 좀 편하게 가질 필요가 있다. 그리고 스스로에게 말해야 한다. "어차피 이 세상에 올 때와 저 세상으로 갈 때는 빈손인데 무얼 그리 고민하는가?"

나도 미래의 진로에 대해서 확신이 없다. 다만 지금까지 운 좋게 좋아하는 일을 하면서 살아왔을 뿐이다. 앞으로의 진로 역시 큰 불안과 걱정, 고민 속에서 진행될 것이다. 그렇다고 해서 항상 고민뿐인 것은 아니다. 진로에 대한 고민은 대개 인생의 갈림길에 서 있을 때 생기기 때문이다.

한 사람의 인생에는 중요한 갈림길이 몇 번이고 찾아온다. 입학, 졸업, 입대, 제대, 취업, 승진, 이동, 이직, 퇴직, 실직, 유학, 결혼, 출산, 육아, 질병, 입원, 창업, 파산, 죽음처럼 누구에게나 찾아오는 갈림길들이 있다. 어떤 갈림길은 반복해서 찾아오기도 한다. 이때 어떤 길을 선택하고 어떻게 행동할지는 스스로 정할 수 있다. 그러나 결과는 내 마음대로 할 수 없기 때문에 갈림길은 나에게 기회가 되기도 하고 위기가 되기도 한다. 기회였는지 위기였는지는 시간이 흘러야 알겠지만 한 가지 확실한 것이 있다. 갈림길을 지나면 현실이 변하고 그 결과 나의 인생도 변한다는 것이다.

인생의 갈림길에 서면 대부분의 사람은 '나는 누구인가'에 대해서 깊이 생각하게 된다. 내가 누구인지 알려면 나에 대한 절대적인 이해가 필요하지만 이 작업은 참 어렵다. 아무리 생각해도 내가 누구인지 잘 모르겠다. 어제 생각했던 나와 오늘 생각하는 내가 다른 사람처럼 느껴지기도 한다. 혹은 이런 일을 하는 나와 저런 일을 하는 나는 내가 보아도 전혀 다른 사람처럼 느껴지기도 한다.

소크라테스는 "너 자신을 알라"고 말했지만 역시 절대적인 나 자신을 아는 것은 정말 어려운 일이다. 몇 년씩 면벽수행을 할 만한 처지도 되지 않지만 면벽수행面壁修行을 한다고 해도 나 자신을 알게 된다는 보장이 없다. 그러다 보니 내가 누구인가에 대한 상대적인 답을 찾기 위해서 다른 사람과 무엇이 어떻게 다른지 비교하기도 한다. 주변에서는 엄친아(일명 엄마 친구 아들)를 거론하면서 다른 사람과 나를 비교해주곤 한다. 물론 나는 엄친아가 아니다.

'나는 누구인가'를 생각할 때에 또 하나 중요한 것이 나이다. 사람은 누구나 나이를 먹는데 이건 참 요즘 세상에 보기 드물게 공평한 일이다. 심리학자인 융은 "인생은 40세를 정오로 해서 오전과 오후로 나누어진다"고 했다. 오전에는 다른 사람과 경쟁해서 이기는 것이 목표지만 오후가 되면 나에게 가치 있는 것을 중요하게 생각한다는 것이다.

인생의 오후에는 대부분이 자신의 개성을 추구하게 되며 이제 남은 시간이 한정되어 있다는 것을 자각한다. 그래서 언제까지 무엇을 해야겠다고 계획한다. 이때는 내 능력의 한계를 고려하여 현실적으로 할 수 있는 것 중에서 내가 정말 원하는 것을 하려고 한다. 그래서 40세 언저리가 되면 많은 사람들이 '나는 누구인가'에 대해서 깊이 생각한다.

그런데 이 질문은 사실상 인생의 오전과 오후에 있는 사람 각자에게 전혀 다른 내용의 질문이다. 인생의 오전에 있는 사람에게는 '나는 누구여야 하는가?'라는 의미에 가깝고 인생의 오후에 있는 사람에게는 '나는 지금까지 누구였는가?'와 '나는 지금부터 누구여야 하는가?'라는 내용에 가깝다. 그러므로 '나는 누구인가'라는 질문은 인생의 시기에 따라서 사실상 전혀 내용이 다른 질문이 된다.

만약 인생의 오후를 지나서 늦은 저녁에 도달한 사람이라면 여기에 답하기 위해서 지금까지 걸어왔던 인생의 궤적을 뒤돌아보고 스스로 납득할 수 있는 답을 해야 한다. 답을 할 수 있다면 자아발견에 성공했다고 하겠다.

아직 인생의 이른 오전에 있는, 아직 학교에 다니고 있거나 사회생활의 맛보기 정도를 한 사람이라면 지금까지 지나온 인생이 다른 사람들과 크게 차이가 나거나 매우 특이한 경우는 그리 많지 않다. 나름대로는 굴곡이 있었다고 주장하지만 다른 사람이 보기에는 다 비슷하다. 아직 제대로 인생을 시작하지도 않았으니까.

　인생의 이른 오전을 꽃에 비유한다면 잎이 나고 있는 시기다. 될성부른 나무는 떡잎부터 알아본다고 하지만 나중에 어떤 꽃이 필지는 아무도 모른다. 나 스스로도 어떤 꽃으로 피어날지 모른다. 그래서 인생의 오전에는 자아발견보다 자아설계나 자아창조라는 단어가 더 어울린다. 내가 꿈꾸는 장래의 모습과 현재의 내 모습을 비교해보면 분명 차이가 있을 것이다. 이 차이를 메우기 위해서 노력하는 것이 '나는 누구인가'에 대한 답이 될 수 있다.

19

나는 어떤 사람이 되어야 하나?

어릴 때는 철이 덜 들어서 스스로도 이해하지 못할 행동을 했지만 점점 나이가 들고 철이 들면서 성실한 사람으로 바뀌기도 합니다. 이런 사람에 대해서는 어떤 평가를 내려야 할지 궁금합니다. 과거는 과거일 뿐 현재에만 충실하면 된다고 생각할 수 있지만 저는 항상 남들보다는 뒤늦게 배우고 뒤늦게 깨닫기 때문에 좋지 않은 평가를 받을 수도 있을 것 같아 걱정입니다.

나의

묘비명을 정한다

오전이든 오후든 반드시 포함되는 것은 '나는 누구여야 하는가'라는 내용이다. 여기에 답하기 위해 도움이 되는 것은 내 묘비명을 나 스스로 정의해보는 것이다. 만약 내 묘비명이 될 만한 하나의 단어를 정할 수 있다면 '나는 누구인가'라는 질문에 대한 답변의 실마리를 찾았다고 하겠다.

묘비명을 정하는 것은 나의 본능을 표현하는 것이다. 본능은 선천적으로 가지고 있는 특성이다. 후천적인 교육이나 경험에 의한 것이 아니다.

결국 내가 누구인지 아는 채로 살아가는 것은 나의 본능을 충실하게 따르며 사는 것이다. 물론 현실적으로는 사회의 규범을 따르고 환경에 어울려야 하기 때문에 본능을 있는 그대로 따르기 어렵지만 가능한 범위 내에서는 최대한 본능을 살려야 한다. 광고 문구를 보아도 본능에 충실하라는 표현이 많이 있지 않은가.

    살다 보면 과연 내가 어떤 사람이 될지 감이 잡히지 않는 때가 많다. 나를 하나의 단어로 정의하는 것이 꼭 필요한지 의문을 가지는 사람도 많다. 사실 앞으로 내가 어떻게 살아갈지 전혀 모르겠는데 묘비명을 정하라고 하면 좀 당황스럽다. 그러나 이 세상을 사는 수많은 사람 중에서 나 자신보다 더 흥미로우면서도 잘 모르는 대상은 없을 것이다. 내 마음을 나도 모르겠다는 노래도 있을 정도다. 그러므로 나의 묘비명을 정하는 것은 나는 누구인가에 대한 답을 미리 정하는 것과 같다. 이는 큰 의미가 있는 일이다. 내가 원하는 인생을 나 스스로 구체적인 단어 하나로 정의할 수 있다면 이는 내 인생의 방향을 잡은 것과 같기 때문이다.

    인생의 방향이 분명한 사람은 누가 보아도 겉으로도 표시가 난다. 그들은 같은 곳에서 같은 일을 하고 있어도 행동이 적극적이고 표정이 밝다. 눈앞에서 벌어지는 하나하나의 결과에 너무 일희일비하지 않으며 인생의 승부를 길게 가져간다.

    묘비명을 정할 때 든 사람, 난사람, 된 사람과 같이 추상적인 개념을 사용하는 것은 바람직하지 않다. 든 사람은 똑똑하고 학력이 좋은 사람, 난사람은 어느 분야에서 이름을 날리는 유명한 사람, 된 사람은 인격이 훌륭한 사람을 말한다. 그러나 묘비명은 좀 더 구체적이어야 한다. 그렇다고 해서 하나의 직업 자체를 묘비명으로 정하는 것도 어울리지 않는다.

한 가지 상황을 가정해보자. 인생의 저녁 무렵이다. 과거를 되돌아보니 수십 년 동안 안 해본 일이 없을 정도로 많은 직업을 가졌다. 그중에서 대표적인 것을 꼽으라면 회사원, 공무원, 자영업이 있다. 회사를 몇 년 다니다가 퇴사하고 학원을 다니면서 공부하여 공무원이 되었다. 공무원을 퇴직한 후에는 자영업을 했다. 이 사이에 실업상태도 여러 번 있었다. 이런 나의 인생을 단 하나의 단어로 구체화하여 묘비명을 정한다면 뭐라고 해야 할까? 이런 경우에 직업으로 묘비명을 정한다면 회사원이나 공무원, 혹은 자영업자라고 해야 할까?

이건 아니라는 생각이 든다. 회사원이나 공무원이 아무리 좋다고 해도 이 직업이 내 인생의 목표가 되고 나의 묘비명이 된다고 생각하면 갑자기 나의 인생이 너무 슬퍼진다. 보잘것없는 인생이었던 것 같기도 하다. 사람은 누구나 제 잘난 맛에 산다고 하는데……. 이건 아니다. 당연히 회사원이나 공무원이 나의 묘비명이 될 수는 없다. 물론 처음부터 인생의 목표도 아니었을 것이다.

　나의 미래를 어떻게 만들어가야 할지 모를 때에는 현재를 보는 게 중요하다. 왜냐하면 내가 그동안 살아오면서 선택했던 결과들이 합쳐져서 현재의 나를 만들었기 때문이다. 그러므로 미래의 나는 지금까지 살아왔던 방식과 지금부터 살아가는 방식이 결합하여 이루어진다. 지나온 날들은 헛되지 않았다는 독백은 영화에서 많이 듣는 대사 중 하나다. 그렇다. 나의 현재는 나의 과거 선택의 합이며 실천의 누적이다. 여기에 약간의 행운과 불행이 조미료처럼 곁들여졌을 뿐이다. 그래서 불교에서는 업보라는 말을 사용한다. 현재의 상황은 과거에 했던 행위에 대한 상이나 벌이라는 의미다.
　그런데 미래는 어떤가? 미래는 눈에 보이지 않는다. 보이지 않으니까 불안하게 생각하는 사람도 있고 보이지 않으니까 아름답게 생각하는 사람도 있다. 나의 미래는 현재의 투영이다. 만약 본능을 살려서 인생의 목표를 정하고 이를 실현할 수 있는 능력을 기른다면 장래의 내 모습은 내가 원한 대로 실현될 가능성이 높아질 것이다. 나의 묘비명이 필요한 이유다.

나의 묘비명을 정할 때에는 너무 얼토당토 않거나 스스로 생각해보아도 전혀 가능성이 없고 허황된 것은 피해야 한다. 묘비명은 나의 본능을 살려서 정해야 하지만 이를 실천하려면 현실적인 능력도 갖추어야 하기 때문이다. 대부분의 사람들이 지금은 능력이 없지만 미래에는 능력이 있을 거라는 전제로 "나는 할 수 있다"라고 말을 한다. 이런 말은 지금은 듣기에 좋겠지만 사실 아무런 의미가 없다. 내가 할 수 있는 것에는 어느 정도 범위가 있기 마련이다. 이 범위를 과도하게 무시하거나 혹은 내 능력의 한계를 너무 모르는 것은 지금도 능력이 없지만 미래에도 능력이 없을 가능성을 나타낸다. 어떤 사람은 이렇게 말한다. "나는 할 수 있어, 언젠가는, 무엇인가를." 이런 말을 들으면 참 답답하다. 도대체 언제 무엇을 어떻게 할 수 있다는 건지 너무 막연해서 전혀 공감이 되지 않기 때문이다.

그러므로 중요한 것은 "나는 할 수 있다"가 아니라 "나는 했다"이다. 적어도 지금 "나는 하고 있는 중이다"가 되어야 한다. 가능성만 부르짖는 사람은 하나라도 실천한 사람을 절대 따라갈 수 없다. 그러니 "나는 할 수 있다"는 말은 가급적 조심해야 한다. 그 대신 아무리 조그마한 것이라도 지금 나의 손으로 실천하고 조금씩이라도 성과를 축적해 나가야 한다. 그 결과가 미래의 나의 모습이 된다. 낙숫물이 결국 바위를 뚫는다. 이 자격증만 따거나 저 학교만 졸업하거나 혹은 그 시험에만 합격하면 한 방에 인생이 역전될 거라는 발상은 버려야 한다. 실제로 그런 역전은 일어나지 않는다.

20

당장
내일도 모르는데
미래를 생각하라고?

그동안 졸업 이후 갖게 될 첫 직업만 생각했었는데 막상 취업을 하고 직장생활을 하면서 미래를 생각해보니 내가 이 일을 진짜 하고 싶은 건지 모르겠다는 생각이 듭니다. 제가 알지 못하는 많은 일들이 있는데 첫 직업을 제가 알고 있는 범위 내에서 찾다 보니 그런 것 같습니다. 미리 나의 미래를 설정해놓으면 어떤 장점이 있나요?

원하는 커리어를

디자인하라

　나이가 좀 드신 분들은 '인생 역마차'라는 표현을 많이 사용한다. 이는 1939년에 개봉한 미국영화 〈역마차〉에서 시작된 표현으로 영화는 1880년대의 서부를 무대로 다양한 손님을 태우고 가는 역마차의 모습을 담고 있다. 여기에는 의사, 상인, 은행장, 도박사, 보안관, 추격자 등 다양한 인물이 등장하는데 이를 통해서 사람들의 인생은 정말 다양하며 모든 사람의 인생이 다 다르다는 것을 잘 보여준다.

　마차가 지나온 길을 되돌아보면 길 위에 바퀴자국이 남아 있다. 이 자국이 바로 커리어다. 그래서 커리어는 인생의 궤적을 의미한다. 만약 마차가 열심히 달리고 있는데 눈앞에 갈림길이 나타났다고 생각해보자. 마부가 어느 쪽으로

가야 할지 망설인다면 당연히 마차의 속도는 느려지고 마부는 깊은 고민에 빠질 것이다. 그러다가 어느 쪽으로 갈 것인지를 정하고 다시 속력을 내면 마차가 나아간 만큼 또 다시 바큇자국이 생긴다. 마차가 지나온 궤적은 표시가 나니까 누구나 보면 알 수 있지만 이제부터 마차가 가야 하는 길은 다른 사람의 눈에는 보이지 않는다. 아직은 마부의 머릿속에만 있기 때문이다.

미래의 일을 예측하기는 어렵다. 그렇지만 마부의 머릿속에는 앞으로 생겨날 궤적, 즉 커리어가 선명하다. 아니, 선명해야 한다. 커리어를 미리 생각하지 않으면 마차는 제대로 된 방향으로 나아갈 수 없다. 이를 커리어 디자인이라고 한다.

커리어는 지나온 궤적을 말하며 커리어 디자인은 나아갈 궤적을 생각하는 것이다. 기업에 취업하는 경우라면 커리어는 이력서를 보면 알 수 있고 커리어 디자인은 직무수행 계획서를 보면 알 수 있다. 혹은 자기소개서는 커리어를 나타내고 장래희망은 커리어 디자인을 나타낸다.

우리가 어떤 일을 할 때에는 반드시 목적과 관점을 가지고 있듯이 커리어 디자인에도 목적과 관점이 있다. 커리어 디자인의 목적은 커리어의 성공이다. 이를 위해서 필요한 것은 자신의 본능을 살리는 것이다. '나는 누구인가'라는 질문에서 출발하여 '나는 누구여야 하는가'라는 질문에 답하기 위해서 앞에서 나의 묘비명을 만들었다. 이 작업을 통해서 내 인생의 큰 방향을 정한다.

커리어 디자인의 관점은 나의 능력이다. 내가 정한 인생의 방향을 제대로 진행하기 위해서는 능력이 필요하다. 마부라면 말과 대화하는 능력, 지도를 보는 능력, 바퀴를 수리하는 능력, 승객의 마음을 편안하게 해주는 능력이 필요하다. 그러므로 커리어 디자인이란 본능과 능력으로 풀어가는 함수라고 할 수 있다.

커리어 디자인에서는 커리어를 실현하기 위한 수단으로서의 직업을 설계한다. 이때 직업은 커리어의 일부가 되어야 한다. 커리어는 반드시 직업을 의미하는 것이 아니다. 예를 들어 묘비명을 교육가로 정하고 커리어 디자인을 교사로 생각하는 경우가 있을 수 있다. 교사는 교육가로서 커리어의 일부가 될 수는 있지만 교육가의 커리어가 반드시 교사여야 하는 것은 아니다. 또한 모든 교사가 다 교육가로서의 커리어를 원하는 것도 아니다. 교사 중에는 지식을 알기 쉽게 전달하기 위한 방법에 관심이 있는 교육 기술자도 있으며 단순히 급여를 받고 생활하기 위해서 직업을 수행하고 있는 생활인도 있다.

커리어 디자인에서는 실업상태도 훌륭한 커리어가 될 수 있다. 만약 국회의원 선거에 낙선한 사람이 지역에서 생활하면서 주민과 밀착 소통하여 다음 선거에서 국회의원에 당선되었다면 몇 년 동안 실업자였던 기간은 정치가라는 묘비명을 실현하기 위한 좋은 커리어가 된다. 유권자들도 이런 경우라면 좋게 평가한다.

조선 건국의 일등공신인 정도전은 고려 말기에 귀양을 가게 된다. 요즘 시대라면 조직의 구조조정에서 밀려나서 실업자가 된 것이다. 그러나 귀양지에서 직업 없이 지내면서 커다란 성과를 냈는데, 그것은 바로 백성의 참된 목소리를 듣게 된 것이다. 정도전은 이때의 깨달음을 바탕으로 민본주의를 주장하는 조선 개국의 철학을 세운다. 이순신 장군 역시 직위를 박탈당하자 아무런 직위 없이 백의종군하면서 국가에 헌신한다.

직업을 가지지 않아도 훌륭한 커리어를 실천한 사례는 얼마든지 있다. 그러나 여기에는 공통점이 있다. 인생의 목표가 뚜렷한 사람만이 이를 실천할 수 있다는 것이다. 직업이 없어도 인생의 목표를 향해 노력한다면 좋은 커리어를 만들 수 있지만 그와는 반대로 훌륭한 직장에서 좋은 직업을 가지고 있더라도 인생의 목표가 없이 그저 하루하루를 보내는 것에 불과하다면 이는 좋은 커리어를 쌓지 못한 것이다.

    만약 나의 인생을 길게 볼 수 있다면 조그마한 일에 고민하지 않게 되고 장래에 대한 불안과 걱정 또한 크게 줄어들 것이다. 내 인생의 방향을 정하고 나면 남은 문제는 어떻게 이를 실천할 것인가로 좁혀지기 때문이다. 실천하기 위해서는 좀 더 상세하게 목표와 추진계획을 세우게 된다. 그러면 일정계획에 따라 오늘은 무엇을 해야 하는지, 지금 이 순간은 무엇을 해야 하는지 알게 된다. 그 결과 현재를 만족스럽게 보내면서 미래를 준비할 수 있다.

    커리어 디자인은 인생을 길게 보면서 갈림길이 나오면 어느 쪽 길을 선택할 것인지 미리 설계하는 것이다. 그런데 마차가 직선도로를 전속력으로 달리고 있는 동안에는 커리어 디자인을 하기 어렵다. 이때는 선택이 아니라 실천이 중요하다. 만약 직선도로에서 커리어 디자인을 하려면 일단 마차를 길가에 세우거나 속도를 크게 줄여야 한다. 그리고 객관적으로 상황을 판단하고 스스로 갈림길을 만든다. 예를 들어 잘 다니고 있는 회사를 휴직하거나 대학원에 입학하는 것도 여기에 해당한다. 이 기회를 인생의 갈림길로 이용해서 지금까지의 커리어를 평가하고 지금부터의 커리어를 설계하는 것이다.

21

내 인생의 목표는
하나면
충분하지 않나?

내 능력으로는 하나만 열심히 해도 모자랄 것 같습니다. 여러 길을 모색하다간 이도 저도 안 될 것 같다는 생각이 듭니다. 인생에서는 오히려 하나의 지향점만을 목표로 삼는 게 낫지 않을까요?

인생의 갈림길에서

플랜 X를 준비한다

인생이 목표한 대로 다 이루어진다면 얼마나 좋을까. 그런데 한편으로는 인생이 목표한 대로 다 이루어진다면 이 또한 얼마나 재미가 없을까 하는 생각도 든다. 약간 어려운 목표를 정하고 훗날 목표를 달성한 상황을 그리면서 하루하루 열심히 살아가는 것이 지금 우리들의 모습이 아닐까.

그런데 한 가지 목표를 달성했다고 해서 우리네 인생이 그걸로 다 채워지지는 않는다. 만약 안정된 생활이 필요하다는 생각으로 노력한 결과 공무원이 되었다고 하자. 그러나 아무리 오래 근무하더라도 60세면 정년퇴직을 해야 한다. 기업이라면 퇴직하는 시기가 더 빨리 온다. 그렇다면 퇴직한 후에는 아무것도 하지 않을 것인가? 운이 좋으면 아파트 경비원으로 재취업할 수도 있다. 그렇지 않으면 노후 자금을 조금씩 소비하며 전국의 산이란 산을 다 돌아다니며 인생의 남은 시간을 채울 수도 있다. 사실 이 문제는 장년층의 가장 큰 고민거리다. 퇴직한 후에 할 일이 없다는 것은 사람을 매우 힘들게 한다. 절망하는 경우도 있다. 키에르케고르는 "절망은 죽음에 이르는 병"이라고 했다. 그러므로 인생의 목표는 적어도 세 개 정도를 생각할 필요가 있다.

많은 사람들은 어떤 일을 할 때에 결과가 생각과 다르게 될 것을 대비해서 다른 대안도 함께 생각해둔다. 그런데 대안이 있다고 생각하면 처음부터 최선을 다하지 않을까 봐 한 가지 목표만 정하고 여기에만 집중하겠다는 사람도 있다. 잘 풀리지 않았을 때를 전혀 생각하지 않고 무조건 한 가지에 최선을 다해서 해내고야 말겠다는 생각이다. 이는 갈림길에서 하나의 플랜만 준비하고 거기에 모든 것을 걸겠다는 사고방식이다. 물론 퇴로가 없는 상황으로 자신을 몰아붙이면 집중력을 올릴 수 있다. 달리 도망갈 곳이 없으면 사람은 한 가지 가능성에 전력을 다하기 마련이다. 그래서 배수의 진이라고 한다. 앞에서는 적이 달려들고 뒤에는 강이 있어서 더 이상 물러날 곳이 없는 상황에서는 병사들이 죽기를 각오하고 적과 싸우기 때문에 승리할 가능성이 높다. 그러나 인생의 갈림길에서 항상 배수의 진을 칠 수는 없다. 이는 최후의 전술이기 때문에 정말 필요한 경우에만 사용하도록 평소에는 아껴야 한다. 배수의 진은 절체절명의 위기에서만 사용하는 것이 바람직하다.

그러므로 중요한 갈림길에서는 플랜A와 플랜B를 함께 준비하는 것이 좋다. 플랜A는 내가 생각한 대로 상황이 움직인다는 것을 전제로 세우는 계획이다. 그런데 목표한 대로 다 이루어지지 않는 것이 인생이다 보니 플랜A를 실천하지 못하는 수가 생긴다. 이런 경우를 대비해서 플랜B를 준비한다. 플랜B는 최악의 상황을 고려한 계획이다.

예를 들어 '내가 원하는 대로 수입이 들어온다면 이렇게 해야지' 하는 것이 플랜A라면 내가 파산의 위기에 몰리는 경우를 대비한 계획이 플랜B다. 그러므로 플랜A와 플랜B는 내 인생의 갈림길에서 마주할 수 있는 최상의 경우와 최악의 경우를 양쪽 다 고려한 계획이다. 그런데 대부분의 경우에는 최상도 아니고 최악도 아닌, 그 중간쯤에 가까운 상황이 많다. 그러므로 현실적으로는 플랜A와 플랜B 사이의 어디엔가 있는 플랜X를 선택할 가능성이 높다. 목표를 단 한 가지로 설정하면 큰 좌절을 만났을 때 극복해내기가 어렵다는 걸 잊지 말자.

22

나의 미래는
이미
정해진 것이 아닐까?

어떻게든 장래의 계획을 세우고 싶은데 아직도 장래에 무엇을 해야 할지 구체적인 결정을 내리지 못하고 있습니다. 아직 계획이 제대로 세워지지 않은 내용에 대해서는 각각의 케이스로 나누어서 여러 종류의 계획을 세우는 것이 좋을까요? 아니면 현재 생각하는 것 중에서 가장 확률이 높고 실현 가능성이 높은 케이스만 구체적으로 생각하는 것이 좋을까요?

인생은 산이 아니라

산맥이다

만약 인생의 이른 오전에 있다면 이 시기에 생각해둔 장래계획은 실제로 실현될 가능성이 낮다. 스스로 성공할 수 있다고 생각하는 확률은 사실 매우 주관적이거나 단순한 희망에 불과하다. 인생에는 예기치 못한 일이 비일비재하기 때문이다. 그러므로 장래에 대해서 생각할 때에는 가급적 다양한 가능성을 생각해두는 게 좋다. 이를 위해서 가장 먼저 질문해야 할 것은 앞서 말한 것처럼 '나는 누구여야 하는가'이다. 그 답은 곧 나의 묘비명이 된다. 이렇게 단어 하나로 내 인생의 방향을 정한 다음에는 이를 실현할 수단으로서 내가 가질 수 있거나 가지길 원하는 세 개의 산을 생각해본다. 이게 나의 인생산맥이다.

인생산맥은 커리어 디자인을 제대로 하기 위해서 반드시 필요한 개념이다. 인생은 하나의 산이 아니라 산맥이다. 인생을 등산에 빗대어서 하나의 산에 올라갔다가 내려오는 것으로 비유하기도 하는데 이런 사고는 대략 이런 결과를 낳는 경우가 많다.

"산의 정상에 오르기 위해서 그렇게 고생했는데 막상 정상에 오르고 보니까 별 게 아니더라. 그새 어두워지기 시작해서 정상을 제대로 즐기지도 못하고 하산하기에 바빴다." 이렇게 하산해서 산을 벗어나면 남은 인생 동안 멀리서 그 산을 되돌아보면서 지낸다. 그래서 인생의 저녁이 되면 '내가 옛날에'라고 하면서 과거에 올랐던 산에 대해서 몇 번이고 반복해서 강조한다.

인생은 하나의 높은 산이 아니다. 인생에는 마음먹기에 따라서 얼마든지 두 번째 산과 세 번째 산을 만들 수 있다. 스스로 인생산맥을 만들어야 한다. 커리어 디자인은 인생산맥을 어떻게 설계하고 어떻게 실천하는지에 관한 것이다.

'나는 누구인가'에 대해서 고민하면 나는 '이런 사람이어야 한다'는 답을 할 수 있다. 커리어 디자인을 하기 시작하면 누구나 자연히 나의 인생산맥을 생각하게 된다. 인생산맥에는 두 번째, 세 번째 산이 있지만 각각의 산이 내 인생의 언제부터 언제까지 존재하기를 원하는지는 사람마다 또 상황마다 다르다. 인생의 이른 오전에 있는 사람이라면 당연히 아직 하나의 산도 제대로 만들지 못했을 것이다. 이때는 그럼에도 불구하고 다음 산에 대한 준비를 시작해야 한다. 이 문제는 실제로 커리어 디자인을 해보면 저절로 해결된다. 내가 원하는 산을 내가 원하는 곳에 위치하도록 하는 것이 커리어 디자인이니까.

커리어 디자인을 하려면 먼저 인생의 방향을 잡은 다음에 첫 번째 산에 대해서 구체적으로 생각해야 한다. '언제부터 올라갈까?' '어느 방향으로 올라갈까?' '어떤 장비가 필요할까?' '지금의 나는 어느 정도 준비가 되어 있나?'

히말라야 등산은 대개 한 달이면 끝난다. 그러나 준비에는 그 몇 배의 시간이 필요하다. 준비기간 동안에는 다양한 루트를 조사하고 각각의 루트에 대하여 성공과 실패의 가능성을 예상한다. 그중에서 하나의 루트를 선택한 다음에는 그곳만 구체적으로 생각한다. 그러나 만약의 사태가 발생하면 이 루트를 포기하고 다른 루트를 선택하게 된다. 그러나 산의 정상에 오르는 것이 목표가 아니고 단지 며칠 동안 트레킹만 하려는 사람이라면 준비기간이나 루트 선택에 그리 힘을 들이지 않을 것이다. 인생산맥을 계획하는 것은 어디까지나 각 산의 정상에 오르는 것이 목표다.

인생산맥을 구성하는 모든 산이 서로 겹쳐져야 하는지, 혹은 서로 독립적이어야 하는지 의문이 든다면 여러분이 인생의 저녁에서 과거를 되돌아본다고 생각해보자. 내가 가졌던 직업이 회사원, 공무원, 자영업이라고 가정하고 만약 하나의 직업을 하나의 원으로 나타낸다면 세 가지 직업은 세 개의 원으로 나타낼 수 있다. 그런데 세 개의 원은 서로 완전히 떨어져 있을까 아니면 서로 약간씩 겹쳐 있을까?

여기에 대한 답은 사람마다 다르다. 이력서만 보면 거의 비슷한 직업과 행보를 보였던 사람 둘이 있다고 하더라도 이 질문에 대한 답은 각자 다를 것이다. 원을 서로 겹치게 할 수도 있고 서로 떨어지게 할 수도 있다. 혹은 결과적으로 원이 서로 겹쳐 있더라도 이는 우연일수도 있고 의도일 수도 있다. 우연과 필연이라고 할까.

나의 묘비명은 필연적으로 여러 개의 원을 겹치게 하려는 노력이다. 새로운 산과 기존의 산의 관계가 묘비명과 어떤 관계가 있는지에 의해서 판단해야 한다.

커리어 디자인을 하면 그대로 커리어가 실현될 수 있도록 필요한 능력을 계획적으로 습득해야 한다. 일반적으로 많은 사람들이 30대 중반에 이를 때까지는 닥치는 대로 경험하고 공부하면서 인생산맥을 계획한다. 산을 오르는 나이는 사람마다 다르지만 인생산맥의 이미지는 대략 다음과 같다.

30대에 본격적으로 첫 번째 산을 오르게 된다. 그런데 아직 한 번도 정상을 정복한 적이 없기 때문에 나 혼자 올라가기에도 바쁘고 다른 사람을 쳐다보거나 배려할 만한 여유도 없다. 50대가 되면 산의 정상을 지나게 되는데 이 시기에는 한 사람의 프로로서 인정을 받는다. 그러다가 50대 중반 이후에는 두 번째 산을 오르게 된다. 두 번째 산은 첫 번째 산에서 이어지는 산이 될 수도 있고 전혀 다른 산이 될 수도 있다. 이 시기에는 등산에 약간의 여유가 생겨서 주변 경치도 눈에 조금씩 들어오게 된다. 가끔씩 쉬어가기도 하고 지나가는 사람들을 바라보기도 한다. 60대 이후에는 세 번째 산을 오르는데 그제야 비로소 산을 즐기는 경지에 도달한다. 그래서 힘들게 등산하는 사람을 보면 도움을 주기도 한다.

물론 커리어는 살아가면서 만나는 다양한 사람들과의 인연과 우연에 의해서 좌우되는 것도 사실이다. 예상하지 못했던 우연한 사건에 의해서 커리어가 형성되는 경우가 많다. 그러나 아무리 우연한 사건이라도 그것이 새로운 커리어의 계기가 되려면 당연히 본인의 의식과 노력이 필요하다. 그러므로 커리어의 성공을 원한다면 우연만 기다리지 말고 적극적으로 행동해서 의도적으로 기회를 만들어야 한다. 실현 가능성이 높은 케이스를 우선적으로 디자인하되 그다음 산이 어떤 형상이 될지도 그려보자. 인생의 갈림길을 스스로 만들어가는 것이다.

23

출발이 이미
늦은 건 아닐까?

학교를 오래 다니다 보니 입사 동기 모임에 나가면 나이가 좀 많은 편에 속합니다. 때문에 항상 연장자 대접을 받게 되는데 사실 저는 이런 대접이 부담스럽습니다. 마치 제가 인생의 지각생이 된 것 같은 기분이 듭니다.

내 인생에서

현재 지점을 이해한다

커리어 디자인을 하는 대상은 나 자신이다. 커리어 디자인을 하기 위해서 가장 먼저 생각해야 하는 것은 나는 현재 인생의 어디쯤에 와 있는지를 이해하는 것이다. 이는 '나는 누구인가'에 대한 답을 구체적으로 나타내는 것이다. 또 이를 위해서는 '나는 지금까지 누구였나?'와 '나는 지금부터 누구여야 하는가?'를 구분할 필요가 있다.

앞서 인생은 40세 정오를 기준으로 오전과 오후로 구분된다고 했다. 40세가 기준이 되는 것은 공자도 그러하다. 공자는 자신의 인생을 나이에 맞추어 다음과 같이 구분했다. 15세에 학문에 뜻을 두고(지학志學), 30세에 자립했으며(이립而立), 40세는 나의 뜻이 확고하여 주위에 흔들리지 않고(불혹不

惑), 50세에 인생의 의미를 알았으며(지천명知天命), 60세에 어떤 내용도 받아들이게 되고(이순耳順), 70세에 마음 가는 대로 해도 법도에 어긋나지 않는다(종심從心).

그래서 공자는 40세가 되면 자신의 얼굴에 책임을 져야 한다고 했다. 성형수술도 없던 시대였으니 당시에 얼굴이라는 것은 '나는 지금까지 누구였나?'에 대한 답을 보여주는 거울이었던 셈이다. 얼굴값이라고 할까. 그러면서도 얼굴은 동시에 '나는 지금부터 누구여야 하는가?'에 대한 힌트를 주기도 한다. 40세가 넘은 사람은 얼굴만 봐도 그 사람의 내공이 보인다. 어느 대가의 말씀이 기억난다. 40대까지는 '일단 공부'고 50대부터는 '알고 공부'다. 40대까지는 어디에 쓰이는지 묻지도 따지지도 않고 일단 공부했지만 50대가 되면서부터는 어디에 어떻게 쓰이는 건지 조금씩 알고 공부했다는 거다. 요지는 항상 공부하라는 말씀이다.

요즘은 0.7 셈법이 있다고 한다. 현재의 나이에 0.7을 곱한 나이가 사실상의 체력과 건강을 나타낸다는 셈법이다. 이 셈법을 이용하면 57×0.7=39.9이니까 50대 중반은 되어야 비로소 인생의 정오가 된다고 주장하는 사람도 있다. 요즘은 80대에도 현역으로 활동하는 사람이 워낙 많으니 이런 주장에도 일리가 있다. 그렇지만 체력에는 0.7 셈법이 좋아도 정신까지 0.7 셈법을 하면 곤란하다. 그만큼 철이 늦게 드는 어른이 많아졌다는 의미가 되니까.

논리를 좋아하는 사람은 기승전결을 강조한다. 그래서 인생 80년을 기승전결에 비유하기도 한다. 이런 논리라면 20세까지는 인생이 시작되는 시기다. 이 시기에 만들어진 상황은 40세까지 계속해서 확대되어 전개된다. 학교를 졸업하고 회사에 취업해서 40세까지 다니는 상황이라고 할까. 이후 60세까지는 인생에 대해 부연하거나 전환을 하게 된다. 40세에 희망 퇴직한 후에 몇 군데 더 취업과 퇴사를 반복하는 상황이 일어나기도 한다. 중년 창업도 있다. 그리고 80세 가까이 오면 인생을 정리하게 된다. 이렇게 기승전결로 비유해도 40세가 인생의 정오가 되는 경우가 많다. 40세 이후에 두 번째 산과 세 번째 산을 오르는 인생산맥의 이미지와도 겹친다.

인생을 60년으로 구분하는 방식도 있다. 10개의 천간과 12개의 지지를 서로 교합하여 나온 60개를 바탕으로 한다. 그래서 20세까지는 초년, 40세까지는 중년, 60세까지는 말년이라고 구분한다. 61년 후부터는 다시 60년 단위로 순환한다고 본다. 그렇게 계산하면 80세는 인생에서 두 번째 맞이하는 중년이다.

불확실한 미래를 좀 더 현실감 있게 생각하기 위해서 인생을 야구시합에 비유해보면 어떨까? 야구시합은 9회에 끝이 나니까 인생 90년을 기준으로 생각해보자. 간혹 가다 연장전이 벌어져서 10회 이상 진행되거나 점수 차이가 너무 커서 콜드게임으로 시합이 일찍 끝나는 경우도 있기는 하다. 야구 시합에 비유해서 20대는 2회, 40대는 4회에 있다고 생각해보면 60대는 아직 6회에 불과하다. 야구시합에서는 6회까지의 점수가 그대로 마지막까지 유지되는 경우도 있지만 6회가 지나면서부터 갑자기 재미있어지는 경우도 얼마든지 있다. 가장 극적인 것은 야구는 9회말 2아웃부터라는 거다. 승부는 언제든지 역전될 수 있다는 걸 강조하는 건데 실제로 9회말 2아웃에 홈런을 쳐서 승부가 역전되는 경우도 있다. 역시 승부는 시합이 끝나봐야 알 수 있다.

인생을 야구시합에 비유한다면 인생산맥과 커리어 디자인의 개념도 쉽게 이해할 수 있다. 야구시합에는 한 팀에서 9명의 선수가 출전한다. 그중에서 공을 던지는 사람을 투수라고 하는데 한 시합에서 한 명의 투수가 9회 시합이 끝날 때까지 혼자서 다 던지는 경우는 드물다. 대개는 투수를 선발, 계투, 마무리로 구분하는데 계투와 마무리를 구원투수라고 한다. 선발투수는 1회부터 6회 정도까지 공을 던지고 퇴장한다. 이를 이어받은 구원투수가 대략 8회까지 공을 던진다. 그리고 마지막 9회에는 또 다른 구원투수가 출전해서 시합을 마무리 짓는다. 이러한 방식은 이기는 시합에서나 지는 시합에서나 거의 비슷하게 나타난다. 잘 지는 것도 중요하기 때문이다. 이기고 있는 시합이거나 혹은 반드시 이기고 싶은 시합일수록 투수의 교체시기가 중요하다.

야구시합을 빗대어 보면 우리네 인생을 하나의 산이 아니라 세 개 정도의 산으로 이루어진 산맥으로 생각하는 것이 의미가 있다는 생각을 하게 된다. 그리고 두 번째 산과 세 번째 산을 오르는 시기를 다시 생각하게 된다.

그런데 여기서 알아야 할 중요한 사실이 하나 있다. 선발투수가 시합에 나가서 공을 던지고 있을 때 운동장 구석의 안 보이는 곳에서 구원투수도 공을 던지고 있다는 사실이다. 선발투수가 너무 잘하면 구원투수가 시합에 나오지 못하는 수도 있다. 혹은 선발투수가 잘 못해서 생각했던 시기보다 구원투수가 더 일찍 시합에 나오는 수도 있다. 중요한 것은, 선발투수가 공을 던지고 있는 동안 시합에 나올지 안 나올지도 모르는 구원투수도 동시에 공을 던지며 몸을 풀고 있다는 사실이다. 차이점은 한 가지다. 선발투수가 던지는 공은 그대로 시합의 승부가 되지만 아직 시합에 나오지 않은 구원투수가 던지는 공은 그저 연습이라는 점이다.

　인생산맥도 마찬가지다. 세 개의 산을 준비하고 있지만 인생의 우연성에 의해서 첫 번째 산에서 인생을 마치게 되면 두 번째 산과 세 번째 산은 인생의 전면에 등장하지 못할 수도 있다. 혹은 두 번째 산과 세 번째 산이 생각보다 일찍 등장할 수도 있다. 이는 미래의 일이기 때문에 시간이 지나야만 알 수 있다. 그러나 중요한 것은 언제 닥칠지 모를 다음 산을 준비하고 있어야 한다는 점이다.

24

나의 미래를
얼마나 멀리까지
생각해야 될까?

장래의 직업과 직장에 대해서 고민하고 있습니다. 그런데 20대인 저로서는 50대 이후에 대해서 감이 잡히지 않습니다. 무엇보다 30~40대를 어떻게 보내느냐에 따라서 크게 바뀔 것 같아서요. 커리어 디자인의 완성도를 높이기 위해서 50대 이후를 작성할 수 있는 요령이 있는지 궁금합니다.

직접

그려본다

　커리어 디자인을 하는 가장 쉬운 방법은 백지에 내가 원하는 직업 세 가지를 그려보는 것이다. 하나의 직업은 하나의 원으로 나타낸다. 만약 두 개의 직업이 서로 관련이 있다면 관련된 정도만큼 두 개의 원을 겹쳐서 표현한다. 세 개의 직업이 전혀 관련이 없다면 세 개의 원은 모두 서로 떨어져 있도록 그린다. 이 작업의 목적은 가급적 원을 의도적으로 서로 겹치게 하는 것이다. 장래에 직업을 여러 번 바꾸는 것은 전혀 문제될 것이 없다. 그러나 바꾸는 직업마다 전혀 새로운 것이라면 적응하기가 너무 어려워 현실성이 떨어질 것이다.

　만약 직업이 바뀌더라도 내가 잘하는 일의 본질을 살

릴 수 있다면 어렵지 않게 적응할 수 있다. 내가 잘하는 것에 대해서는 국어나 수학처럼 과목 이름을 적는 것이 아니라 요점정리나 정리정돈처럼 일의 본질로 표현해야 한다. 만약 의류기업에서 회계를 담당하고 있다면 이 일의 본질은 숫자의 의미를 정확하게 분석하는 것이다. 만약 건설기업으로 재취업해서 새로운 일을 하게 되더라도 일의 본질이 숫자의 의미를 분석하는 것이라면 얼마든지 쉽게 적응할 수 있다. 만약 내가 잘하는 일이 의류회계라고 주장한다면 회계가 아니거나 의류기업의 일이 아닌 다른 모든 일은 전혀 새로운 일이 된다.

내가 원하는 직업을 다 그렸으면 이제부터는 다른 종이에 작업을 한다. 이 종이에는 테이블을 그린다. 우선 가장 왼쪽에 있는 칸에는 내가 태어난 연도를 적는다. 그리고 아래로 내려가면서 1년씩 더해서 연도를 적는다. 내가 80세가 되는 해까지 연도를 적으면 된다. 더 적어도 좋지만 커리어 디자인의 대상이 되는 기간은 80세까지만 하도록 한다.

이번에는 왼쪽에서 두 번째 칸에 이 해에 일어났거나 일어날 것으로 예상되는 중요한 이벤트를 적는다. 인생의 갈림길이라고 생각하는 이벤트다. 그러나 졸업이나 취업과 같은 이벤트는 자주 발생하지 않는다. 그래서 이벤트와 이벤트 사이의 간격이 길어지게 된다. 이벤트 사이의 간격이 길수록 커리어 디자인을 거의 하지 않게 된다. 중요한 이벤트는 대개 인생의 갈림길이 된다. 인생의 갈림길에서 어떤 선택을 하고 어떻게 행동해야 할지 미리 생각하는 것이 커리어 디자인이다. 그래서 이 작업은 1년 단위로 하는 것이 기본이다. 물론 시간이 반드시 1년 단위일 필요는 없다. 전혀 갈림길을 예상할 수 없는 경우에는 우선 3년 단위로 구분하거나 5년 단위로 구분해도 좋다. 그러다가 이 기간 중에 중요한 갈림길이 예상되면 부분적으로는 한 달 단위로 상세하게 작성할 수도 있다.

왼쪽에서 세 번째 칸에는 플랜A를 적고 네 번째 칸에는 플랜B를 적는다. 이미 지나간 과거의 이벤트에 대해서는 그 당시를 회상하면서 적으면 된다. 5년 정도의 미래라면 예상되는 갈림길을 가급적 구체적으로 적고 역시 플랜A와 플랜B를 적어야 한다. 5년 이후로는 좀 막연하기는 하지만 해당되는 연도에 예상할 수 있는 갈림길을 적는다. 가능하다면 플랜A와 플랜B를 적는 게 좋다. 만약 한 해에 두 개 이상의 갈림길이 예상된다면 그해는 1년 단위가 아니라 6개월이나 3개월 단위로 상세하게 구분한다.

인생은 산맥이다. 그런데 산수화를 보면 가까운 산은 짙고 멀리 있는 산은 옅다. 가까운 산과 멀리 있는 산이 똑같이 구체적일 수는 없다. 커리어 디자인에서 가까운 산은 직장이나 직업이고 멀리 있는 산은 업이다. 기간으로 구분하자면 지금부터 5년까지는 구체적으로 생각하고 그 후로는 업을 기준으로 해 방향성을 위주로 짜는 것이 좋다.

테이블의 왼쪽에서 다섯 번째부터는 가족이나 주변의 중요한 사람의 이름을 적는다. 그리고 그들 각자에게 예상되는 미래의 갈림길을 적는다. 이렇게 해서 테이블을 다 채우고 나면 적어놓은 내용을 바탕으로 인생을 세 개의 산으로 나누어보자. 나의 인생을 하나의 표로 작성해서 조감해보고 미래를 구상하는 거다.

전쟁영화를 보면 지휘관들이 커다란 지도 주변에 모여서 전투상황을 모의 실험하는 장면이 종종 나온다. 전차 모형이나 군함 모형을 움직이면서 플랜A와 플랜B를 세우기도 한다. 지금 작성한 테이블이 바로 이런 커다란 지도에 해당한다. 지도는 보통 동일한 척도로 그려져 있지만 중요한 부분은 별도로 떼어내서 보다 상세하게 그리기도 한다. 마찬가지로 지금 작성한 테이블의 시간 척도도 필요한 부분은 짧은 기간으로 나누어서 자세하게 작성하면 된다.

세 개의 원과 인생 테이블을 만든 후에 작업할 것은 이 내용을 한 장으로 가시화하는 것이다. 가시화한 자료에 설명문을 넣고 싶은 경우에는 가급적 키워드를 사용해서 핵심만 표시하는 게 좋다.

이렇게 세 개의 원, 하나의 인생 테이블, 한 장의 가시화를 작성하면서 커리어 디자인을 해보자. 커리어 디자인은 본능과 능력으로 풀어가는 함수다. 백지에 내가 원하는 직업을 적는 것은 본능을 살리기 위한 것이고 인생 테이블을 작성하는 것은 능력을 습득하기 위한 것이다. 한 장으로 가시화한 것은 나의 인생을 조감하기 위해서다.

특히 인생 테이블은 수시로 수정하는 것이다. 처음 작성할 때는 기간을 1년 단위로 했지만 시간이 지나면 단위를 더욱 짧게 해야 할 시기가 온다. 만약 입학한 직후에 인생 테이블을 작성했다면 1년 단위가 어울리지만 졸업 전후의 시기라면 좀 더 자세하게 생각해야 할 것이다. 구체적인 갈림길이 보이기 시작하면 상세하게 플랜A와 플랜B를 만들어야 하기 때문에 기간 단위도 짧아진다. 인생 테이블에는 갈림길을 앞에 두고 어떤 준비를 했는지, 갈림길에서 결과적으로 어떤 플랜을 선택하게 되었는지, 어떤 변화가 생겼는지 등을 기록한다. 언제까지 어떤 일을 해야 하는지도 인생 테이블에 적는다. 그러므로 인생 테이블은 항상 내 곁에 두고 고쳐가는 것이 좋다.

25

좋은 인생을 살려면
롤 모델이 필요한가?

저는 내 인생 내 마음대로 살겠다는 주의였습니다. 하지만 좋은 인생을 살기 위해서 커리어 디자인을 해보려고 마음먹었습니다. 이때 롤 모델을 정해서 참고로 하는 방법은 어떨까요?

구체적인 디자인이 필요하다

커리어 디자인에는 두 가지 방법이 있다. 첫째 방법은 먼저 내 인생의 롤 모델을 찾는 것이다. 그리고 롤 모델이 지나온 커리어를 세 개의 원과 인생 테이블에 적어본다. 그리고 롤 모델에게서 배우고 싶은 부분을 강조해서 커리어 디자인을 해본다. 이 내용을 보면서 내가 따라 하고 싶은 커리어를 중심으로 나의 커리어 모델을 만든다. 내가 아직 못 채운 부분을 우선 공란으로 두어 미래의 내가 하나씩 채워갈 수 있도록 한다.

둘째 방법은 나 스스로 생각한 대로 커리어 디자인을 하는 방식이다. 나는 나의 길을 간다는 사고방식이다. 이 두 가지 방법 중에서 무엇이 더 낫다고 단정할 수는 없다. 그저 내가 하고 싶은 대로 하는 것이 좋은 방법이다. 어차피 내 인생이고 나의 커리어 디자인이니까.

커리어 디자인은 현재에서 시작해서 미래까지 한 살씩 쌓아가는 방식도 있고 반대로 미래에서 출발하여 현재까지 한 살씩 줄여오는 방식도 있다. 매일 조금씩 노력하다 보면 몇 년 후에는 이런 모습이 될 것이라고 생각하는 '전진' 방식과 몇 년 후의 모습을 미리 정해두고 이를 실현하기 위해서 필요한 노력을 역산해서 생각하는 '후진' 방식이다. 커리어 디자인에는 두 가지 방식이 모두 중요하다.

커리어 디자인은 인생 전체를 조감할 수 있게 작성하는 것이 좋다. 그러면서 동시에 몇몇 부분은 매우 구체적으로 작성해야 한다. 이는 마치 신문을 펼쳐놓고 일부분을 돋보기로 크게 보고 있는 풍경과 같다. 디자인의 대상을 너무 단기간으로 하면 크게 변화가 없을 것이고 그렇다고 너무 길게 잡으면 현실성이 없어진다. 이런 조사 결과도 있다. '나의 커리어는 어느 정도의 미래까지 디자인하는가'라는 질문에 1년 후 83%, 3년 후 63%, 5년 후 38%, 10년 후 25%의 답이 나왔다. 많은 사람들이 비교적 가까운 미래에 대해서 커리어 디자인을 하고 있으며 10년 이후까지 구체적으로 디자인하는 사람은 소수에 불과했다.

요즘 취업난이 심각하기 때문에 어디든 일단 취업만 하면 된다고 생각하는 사람도 많다. 그러나 취업을 하고 나면 또 다른 문제가 생긴다. 과거에는 10년 선배가 일하는 모습이 10년 후 나의 모습이었다. 그래서 선배만 따라 하면 되었다. 그러나 지금은 선배도 따라 하고 후배도 따라 해야 한다. 이런 환경이다 보니 10년 후까지 내다보기가 불가능할지도 모른다. 롤 모델이 너무 현실적일 때 특히 주의해야 할 점이다.

그런데 이 조사에서 엿볼 만한 재미있는 결과가 있다. 위의 질문과 함께 현재 얼마나 행복한지, 그리고 자신이 성장하고 있다고 실감하는지를 질문했더니 3년에서 5년 후까지 커리어 디자인을 하고 있는 사람일수록 현재를 행복하다고 느끼며 동시에 자신의 성장을 실감하고 있다고 답했다. 아마 미래에 관해 뚜렷한 이미지를 가지고 현재를 생활하고 있기 때문이 아닐까.

커리어 디자인은 커리어를 설계하는 것이지 커리어를 정하는 것이 아니다. 내가 미리 커리어를 정한다고 해도 인생에는 너무나 많은 갈림길이 끊임없이 반복되기 때문에 그때마다 나의 선택과 행동이 무엇인지에 따라 조금씩 달라진다. 우리는 어떤 결과가 올지 전혀 모른다. 그저 내가 할 수

있는 최선의 노력을 다하고 그 이후로는 하늘의 뜻에 따른 다는 '진인사대천명盡人事待天命'처럼 말이다.

커리어 디자인 자료에는 작성한 날짜를 꼭 적는다. 기존의 내용을 크게 수정했다면 이유를 적어야 한다. 시간이 지나면 왜 그때 그렇게 수정했는지에 대한 이유를 잊어버리기 때문이다. 예를 들어 시험에 합격해서라거나 퇴사하게 되어서 등 간단하게 적어도 상관없다. 그리고 시간이 많이 흐른 후에 수정하기 전과 수정한 후의 내용을 비교하며 다시 보면 인생에서 무엇을 버리고 무엇을 선택하며 왔는지 그 과정을 알 수 있다. 내용을 수정하거나 추가하는 것은 주로 인생 테이블이며 이 작업은 자주 발생하기 때문에 때마다 이유를 적기 어려울 수도 있다. 그러므로 인생의 갈림길에서 내가 고민했던 흔적을 남기고 싶은 경우에만 이유를 적고 과거 버전을 남기는 것이 좋다. 혹은 해마다 연말을 기준으로 그해의 최종 버전을 남기는 것도 좋다.

커리어 디자인은 나의 미래를 설계하는 것이기 때문에 모든 게 불확실하다. 그나마 5년 정도의 미래라면 조금은 구체적으로 생각할 수 있지만 10년 이후는 너무 멀리 있어서 추상적으로 밖에 표현할 수 없다. 인생 테이블을 만들어도 길어야 5년 정도라면 이벤트를 예상하거나 플랜A와 플랜B를 만들 수 있지만 그 이상의 미래는 그저 빈칸으로 놔둘 수밖에 없다. 그래서 한 장으로 가시화하는 것이 중요하다. 가시화를 하면 이러한 불확실성을 보완하고 방향감각을 유지할 수 있다. 그러나 가시화만으로는 추상화한 부분이나 생략한 부분을 나중에 다시 기억하기 어렵다. 그러므로 가시화한 내용은 인생 테이블과 함께 사용해야 한다. 가시화에서 추상화한 내용이라도 인생 테이블에서는 기간을 짧게 구분해가면서 구체적으로 표현할 수 있다.

만약 20대 후반인 사람이 80세까지 커리어 디자인을 한다면 지금부터 대략 50년 뒤가 된다. 그런데 이 세상의 직업 중에는 새로 생겨나는 것도 없어지는 것도 있다. 사회가 점점 빨리 변하면서 50년 뒤에는 전혀 다른 직업들이 생겨날 것이므로 현재를 기준으로 커리어를 정하면 장래에는 그 직업이 없어질 수도 있다. 커리어 디자인은 미래에 대한 작업이므로 구체적인 직업을 알기 어려운 게 사실이다.

커리어 디자인을 할 때에는 미래의 구체적인 직업이 아니라 업을 생각하는 것이 현실적이다. 롤 모델을 기준으로 커리어 디자인을 한다면 이 부분을 특히 유념하자. 미래가 현실로 바짝 다가와 있을 때 다시 구체적인 직업으로 표현하면 된다.

26

아무리
미래를 구상해도
실현되지 않으면
의미가 있을까?

미래의 제 모습을 생각해보았습니다. 솔직히 완벽히 이를 실현할 수 있을지 잘 모르겠어요. 만약 이대로 실현할 수 없다고 해도 커리어 디자인을 해보는 것 자체로 가치를 얻을 수 있을까요?

커리어 디자인의 핵심은

긍정적인 자세다

아무리 정성스럽게 커리어를 디자인하고 성실하게 노력해도 내가 원하는 커리어가 실현된다는 보장은 없다. 하지만 걱정할 것은 없다. 언제든 계획을 수정하면서 다시 준비하면 된다. 이런 과정은 현재를 충실하게 만들 것이다.

커리어가 내 계획대로 전개되지 않고 자꾸 엉뚱한 방향으로 전개되어 좌절감을 느낄 때 누구나 부정적인 생각이 든다. 그럴 때 내가 계획한 커리어 디자인을 보면서 내가 인생산맥을 제대로 오르고 있는지, 큰 방향은 일치하는지를 생각해보자. 만약 방향을 제대로 잡고 있으며 인생산맥을 열심히 등반하고 있다고 생각된다면 그 길을 계속 가면 되니까 눈앞의 결과에 좌절할 필요가 없다. 오히려 커리어 디자인으로 방황을 다잡는 것이다.

우리는 일상적으로 애매한 표현을 많이 사용한다. 사장은 직원에게 열심히 일하라고 말하고 선생님은 학생에게 열심히 공부하라고 말한다. 그러나 이런 표현은 사실 아무런 도움이 되지 않는다. 어떻게 하는 것이 열심히 하는 건지 알 수 없으니까.

우리 인생도 마찬가지다. 단순히 '잘 살아보세'라고 해도 어떻게 해야 잘 살 수 있는지 알 수 없다. 그래서 미래의 내 모습을 실현하지 못했더라도 내 인생을 구체적으로 표현해보는 것은 큰 가치가 있다. 적어도 커리어 디자인을 해봄으로써 '나는 누구인지' '나는 누구여야 하는지' '나는 인생의 어디쯤 있는지' 생각해보는 계기가 된다. 더불어 '내가 잘하는 것은 무엇인지' '내가 원하는 것은 무엇인지'도 생각하게 된다. 내가 나를 좀 더 이해할 수 있게 된다. 내가 누구인지도 모르면서 인생을 사는 사람들도 정말 많다.

인생은 여행이라고들 한다. 만약 여러분이 열흘 동안 외국 여행을 간다고 생각해보자. 그런데 처음 가보는 곳이라서 언어나 문화는 물론 아무것도 아는 게 없다. 외국으로 가는 비행기 표와 한국으로 돌아오는 비행기 표만 있으면 된다고 생각하는 사람도 있다. 미지의 곳에서 헤매는 맛이 여행의 본질이라고 생각하는 느긋한 유형의 사람이다. 반면 열흘 동안의 여행 일정을 한 시간 단위로 나눠 촘촘하게 계획을 세우는 사람도 있다. 인터넷에서 열심히 자료를 수집하고 이미 그 나라를 다녀온 사람들의 이야기를 찾으면서 나름대로 계획을 세운다.

이렇게 두 가지 스타일의 사람이 여행을 다녀온다면 누가 더 여행에 대한 만족도가 높을까? 답은 내 스타일대로 다녀온 사람이다.

커리어를 주제로 삼아서 연구하는 연구자나 학회는 많이 있다. 커리어를 과학의 대상으로 삼는 것이다. 커리어 디자인이 인생의 커다란 성취를 이루는 데에 꼭 필요한지를 알려면 많은 사람들의 인생을 추적해서 조사해야 한다. 이는 매우 방대한 규모의 연구이기 때문에 명확하게 보고된 사례가 거의 없다. 널리 알려진 사례 중에 가장 공신력 있는 것은 하버드 대학의 연구 사례다. 세계 대학 평가를 하면 하버드 대학이 1등을 할 때가 많다. 그렇다면 하버드 대학 졸업생의 인생도 1등으로 행복할까? 이에 대한 답을 얻기 위해서 하버드 졸업생의 인생과 불우한 환경에서 제대로 대학을 나오지 못한 사람들의 인생을 70년 동안 추적 조사해서 비교한 자료가 있다. 그 자료를 보면 조사 결과는 예상 밖이다. 교육도 행복의 한 가지 조건이 될 수는 있지만 행복하기 위해서 가장 중요한 조건은 고난에 대응하는 긍정적인 자세라는 것이다. 개인의 심리적인 능력이 행복으로 직결된다는 결론이다.

문제는 긍정적인 자세가 중요하다는 것은 이해해도 어떻게 하면 긍정적인 자세를 익히게 되는지를 모른다는 것이다. 학생들에게 공부를 잘하라고 해서 저절로 공부가 잘되고 성적이 올라가는 것은 아니다. 구체적인 방법을 제시해야 한다.

여러분에게 커리어 디자인을 권하는 목적은 이 작업을 통해서 고난에 대응하는 긍정적인 자세를 미리 마음속에 가지게 하려는 것이다. 커리어 디자인을 다년간 성실히 짜온 사람은 인생의 갈림길에서 고민만 하지 않고 적극적으로 대응할 수 있다.

만약 장기간 추적조사를 해서 커리어 디자인의 유용성을 입증한다 하더라도 내가 커리어 디자인을 할 것인지, 말 것인지는 오로지 스스로의 마음에 달려 있다. 예를 들어 담배가 인체에 해롭다는 연구 결과가 아무리 많아도 여전히 흡연자가 많은 것과 같은 이치다. 하지만 흡연을 하려면 돈이 드는 반면 커리어 디자인은 돈도 들지 않으니 이번 기회에 커리어 디자인을 해보기를 권한다. 인생의 고난에 긍정적으로 대응할 수 있는 한 가지 방법을 미리 배울 수 있을 것이다.

　아무리 고민이 많은 사람이라도 내년에 독감에 걸릴까 봐 지금부터 고민하는 사람은 없을 것이다. 반면 내년에 취업하거나 승진하는 모습을 상상하면서 즐거워하는 사람은 많이 있다. 커리어 디자인의 목적은 고민이 아니라 행복에 있다. 내가 직접 작성한 커리어 디자인은 항상 내 곁에 두고 지속적으로 갱신하며 더 나은 자신의 모습을 만드는 데에 보탬이 될 수 있다.

27

커리어를
미리 그려보면
잘 살 수 있나?

제 주변을 보면 구체적으로 커리어 디자인을 하는 사람이 별로 없는 것 같습니다. 혹시 20대부터 커리어 디자인을 해서 큰 성과를 얻은 사례가 있는지 궁금합니다.

고민과 계획은

그 자체로 가치가 있다

　　20대부터 커리어 디자인을 해서 큰 성취를 얻은 사람 중에 손정의 소프트뱅크 사장이 있다. 손정의는 1957년에 일본에서 태어난 재일동포 3세다. 할아버지가 탄광에서 일을 했으며 부친은 식당을 경영했다. 그러니 손정의도 태어날 때 입에 금수저를 물고 태어난 사람은 아니다. 훗날 일본 최대의 갑부가 된 손정의에 관한 가장 유명한 일화는 그가 10대에 작성했다는 인생 50년 계획이다. 그의 계획은 이렇다. 20대에는 사업을 시작해 이름을 알리고 30대에는 1조 원 단위의 사업자금을 모은다. 40대에 10조 원 규모의 승부를 펼치고 50대에 사업을 완성시킨다. 그리고 60대에는 다음 세대로 경영권을 넘긴다. 실제로 그는 24세에 소프트뱅크를 창업한 후, 50대에 일본 최대의 통신사업자가 되었으며 미국 기업인 스프린트넥스텔을 인수하여 세계 3위의 이동통신 기업이 되었다. 지금은 손정의 없이는 세계 이동통신을 말할 수 없을 정도다.

커리어 디자인을 할 때 금전적인 수입만이 절대적인 기준이 될 수는 없다. 그러나 커리어 디자인을 짤 때 행복도와 같은 추상적인 개념을 기준으로 한다면 커리어 역시 추상적이 되기 쉽다. 그러므로 커리어 디자인은 가급적 현실성이 있으며 구체적인 내용이 되어야만 실현 가능성이 높아진다. 그래서 커리어 디자인에는 수치목표가 필요하다.

손정의가 10대에 고민한 것은 '나는 누구여야 하는가'에 대한 것이었다. 특히 재일동포 3세라는 그의 환경은 자신의 정체성과 미래의 모습을 일찍부터 고민하게 만든 요인이었을 것이다. 그의 인생 50년 계획은 여기에서부터 출발했다.

인생 50년 계획이 있으면 인생을 길게 볼 수 있기 때문에 조그마한 일에는 고민하지 않게 되며 장래에 대한 불안과 걱정이 많이 줄어들 수 있다. 인생의 방향을 정하고 나면 남은 문제는 어떻게 이를 실천할 것인가로 좁혀지기 때문이다.

실천하기 위해서는 좀 더 상세하게 목표와 추진계획을 세우게 된다. 그러면 일정계획에 따라 오늘은 무엇을 해야 하는지, 지금 이 순간은 무엇을 해야 하는지 알게 된다. 그 결과 현재를 만족스럽게 보내면서 미래를 준비할 수 있다.

손정의는 19세에 향후 50년의 계획을 세우고 그 후에는 실현에만 매진했다. 그는 40대에 큰 승부를 펼친다고 했고 실제로 48세에 인생 최대의 승부를 걸었다. 소프트뱅크보다 훨씬 큰 기업인 보다폰을 인수한 것이다. 이때 손정의가 보유한 자금은 인수금액의 20%에 불과했다. 나머지는 다 빚이었던 것이다. 만약 인수에 실패한다면 소프트뱅크는 하루아침에 망하고 본인 또한 이뤄놓은 모든 것을 내려놓고 거지가 될 수도 있는 상황이었다. 그러나 그는 자신이 그려온 커리어를 실현하기 위해서 커다란 승부를 걸 수밖에 없다고 생각했고 앞만 보고 돌진했으며 결과적으로 인수에 성공했다. 그 후 어느 방송과의 인터뷰에서 그 당시의 마음 상태를 이렇게 말했다. "만약 인수에 실패하고 소프트뱅크가 도산한다면 할복하려고 했다."

PART 3

한 번쯤

방황할

용기

나만

제자리인

걸까?

7년간 다녔던 회사를 사직하고 일본 도쿄공업대학으로 유학을 갔다. 도쿄공업대학은 카이스트와 자매대학으로 일본의 이공계를 대표하고 있다. 일본의 대학원에 진학하려는 학생은 6개월이나 1년 동안 연구생으로서 공부를 해야 한다. 같은 학교의 학부를 졸업하고 대학원에 진학하는 학생은 연구생 제도에서 제외되지만 외국에서 온 유학생이나 전공을 바꿔 대학원에 진학하려는 학생들은 거의 다 그랬다. 그런데 내가 도쿄공업대학에 도착했을 때는 연구생 등록기간이 지난 후였다. 그래서 나는 연구생도 아니고 그저 한 명의 자연인으로 어느 연구실에 소속되었다. 연구실의 공식 기록으로 보면 나는 연구생도 아니고 재학생도 아니었다. 그래도 좋았다. 그렇게 원하던 유학을 왔으니 이제 열심히 공부할 일만 남았다는 생각이었다. 나는 주말에도 연구실에 나가고 싶었다. 공부해야 하니까. 그래서 조수에게 연구실 키를 달라고 했다. 조수는 한참 망설이더니 교수와 상의하고 답을 주겠다고 했다. 다음 날 조수는 이렇게 말했다. "교수님이 연구실 키를 주지 말라고 했네."

나는 많이 낙심했다. 사실 연구실이라고 해봐야 책상에 PC 정도만 있는 공간이다. 이들은 나를 믿지 못하는 게 아닐까. 그래서 고민했다. 이런 상황에서는 그저 상대방이 나를 믿을 때까지 기다려야 하는 걸까? 아니면 다른 연구실을 찾아야 하는 걸까? 고민 끝에 나는 다른 연구실을 찾기로 했다. 만약 내가 좀 더 이른 나이에 유학을 왔더라면 시간을 길게 보고 승부했을지 모른다. 그러나 당시 나는 직장 생활을 하다가 유학을 왔기 때문에 다른 학생들보다 나이가 많고 그만큼 뒤쳐져 있다는 불안감과 절박감이 컸다. 지금 생각하면 여전히 아직 새파란 청춘이고 무엇을 시작해도 다 해낼 수 있는 나이라고 생각되지만 그 당시는 마음에 여유가 없었다.

당시에는 인터넷이 없었기 때문에 연구실을 찾으려면 도서관이나 서점에서 대학 안내서를 보든가 아니면 교수를 직접 찾아가서 상담할 수밖에 없었다. 나는 대학 안내서를 뒤져서 내가 하고 싶은 주제와 비슷한 연구실을 찾을 수 있었다. 도쿄대학의 한 연구실이었다. 나는 이 연구실로 옮기기로 마음먹고는 계획을 세웠다. '승부는 한 번이다. 한 번에 안 되면 연구실을 옮기는 것은 무리다.' 대학은 연구하는 곳이므로 승부수는 역시 연구내용이다. 나는 한 달 동안 내가 어떤 연구를 하고 싶은지에 관한 계획서를 작성했다. 다 작성하고 나니 거의 30페이지 이상이 되었다. 연구계획서는 우편으로 발송했다. 계획서와 별도로 면담을 희망한다는 메모도 함께 넣었다. 며칠 후 연락이 왔다. 면담하러 오라는 것이다. 그 당시에 나는 일본어를 거의 못하는 수준이었다.

그래서 내가 하고 싶은 말을 모두 일본어로 만든 후에 한글로 발음을 적고는 그대로 외웠다. 그러고 나서 교수와 면담을 하러 갔다.

방에 들어가니 교수가 보이지 않았다. 자세히 둘러보니 책상 위에 책을 너무 많이 쌓아놔서 가려진 거였다. 깨금발을 들어 겨우 인사를 하니 이리 오라고 하는데 발걸음을 떼기조차 불안했다. 바닥에도 책이 높이 쌓여 있어 잘못 걷다가 책을 다 쓰러뜨릴 것 같았다. 간신히 책상 앞에 도착하니 인자하지만 날카로운 모습의 교수가 내가 보낸 연구계획서를 읽고 있었다. 그는 계획서를 보면서 몇 가지 질문을 했다. 다행히 질문은 나의 예상범위 내에 있었다. 그래서 나는 외워간 대로 답변을 했다. 얼마간의 시간이 지나고 면담이 끝나갈 무렵, 교수는 이렇게 말했다. "박사과정은 위험한 선택이네."

하지만 나는 연구생을 뛰어넘어 박사과정 시험을 치게 해달라고 부탁했다. 그리고 승낙을 받았다. 나는 그 후 몇 달 동안 열심히 준비하여 입학시험에 합격했다. 박사과정에 입학한 후로 본격적으로 공부를 시작했다. 연구가 아니었다. 아직 연구한다는 표현을 쓸 정도의 수준이 아니었기 때문이다. 직장생활을 하면서 너무 편한 일상을 보내다 보니 머릿속에 먼지만 가득 차 있었다. 우선 이 먼지를 다 없애야 했다. 그런데 머릿속에 있는 먼지는 불면 날아가거나 쉽게 지워지는 것이 아니었다. 유학을 와 환경이 모두 바뀌었음에도 불구하고 '지금 회사에 있으면 이런 일을 해야 하는데……' 하는 생각이 머릿속을 떠나지 않을 정도였다. 방법은 한 가지. 새로운 것을 공부해서 덮어쓰기를 해야만 했다. 계속해서 덮어쓰기를 하다 보면 어느 샌가 먼지는 보이지 않고 공부한 내용만 보이게 된다. 이런 상태가 되어야 비로소 박사과정에 어울리는 연구를 시작할 수 있다. 그런데 이 과정이 참 힘들었다. 다른 학생들은 다들 많이 알고 있는데 나는 도대체 아는 게 없었다. 그래서 가장 원시적인 방법을 사용했다. 중요한 논문을 그대로 베껴 쓰면서 저자의 마음을 추측하는 것이다. 이런 방법으로 논문 수십 편을 베껴 쓰고 나니 약간씩 나아지는 감이 들었다. 그런데 나중에 알았다. 내가 공부한 연구실이 이 분야에서는 세계 최고라는 사실을. 만약 내가 이 사실을 처음부터 알았더라면 지레 겁을 먹었을지도 모른다. 역시 무식하면 용감하다. 직장생활을 하면서 무식해졌지만 그만큼 사회에 용감하게 뛰어든 덕을 보았다.

이 이야기에는 반전이 있다. 나는 도쿄대학에서 박사학위를 받고 도쿄공업대학의 교원으로 임용되었다. 그런데 한 프로젝트에 참여하고 보니 처음에 내가 있었던 연구실의 교수가 멤버로 있었다. 그래서 그 교수에게 물어보았다. "이전에 제가 그 연구실에서 진학을 포기하고 다른 대학으로 간 이유를 아십니까? 사실은 연구실 키 때문이었습니다. 나를 믿지 못하는데 어떻게 그 연구실에서 공부할 수 있겠습니까?"

나는 이렇게 말하면 상대방이 사과하거나 미안해할 줄 알았다. 그런데 교수의 답은 달랐다. "입장을 바꾸어서 생각해보게. 아직 학교에 정식 신분도 없는 외국학생에게 어떻게 연구실 키를 주겠는가? 아무도 없는 주말 오후에 혼자 공부하다가 사고라도 나면 누가 책임을 질 수 있겠는가?"

실제로 이런 일이 있었다고 한다. 이 프로젝트에서 함께 일하던 교수가 연휴 첫날 연구실에 가서 일하다가 뇌경색으로 쓰러졌다. 그런데 연휴 기간 동안 주변에 아무도 없어서 이를 알지 못하고 며칠간 방치되었다. 연휴가 끝나고 나서야 교수가 쓰러져 있는 것이 발견됐다. 그러나 초기대응을 하지 못해 결국 그는 식물인간이 되었고 지금까지도 장기간 입원하고 있다고 했다. 상대방에게는 나름대로 이유가 있었다. 그 이유에는 나도 동감했다. 때로 혼자서 단정 짓고 혼자서 결론 내리는 것이 얼마나 편협한 것인지를 깨닫는 사건이었다.

28

잘 시간도 부족한데
언제 공부하나?

어떤 일을 할 때 목표를 가지고 한다면 좀 더 효율적이고 빠르게 처리할 수 있다고 생각합니다. 공부 역시 목표가 있을 때에 더 많은 것을 공부할 수 있고 더 깊이 공부할 수 있다고 알고 있습니다. 교수님은 40대까지는 일단 공부하라고 하셨는데 목표를 가지고 공부하는 것이 맞는 것인지, 구체적인 계획도 없이 그저 공부하는 것이 맞는 것인지 모르겠습니다.

일단 공부하고
알고 공부한다

사회생활을 하다 보면 업무에 치여서 자기계발을 할 시간이 부족하다. 그래서 항상 고민만 하고 실행은 어려운 악순환이 된다. 대부분의 사람들은 입사하고 5년 정도는 능력이 계속 향상된다. 그래서 이 시기에 첫 승진을 하게 된다. 업무에 필요한 대부분의 지식과 기술은 회사 내에서 습득할 수 있다. 그러나 이 시기가 지나고 좀 더 전문적인 업무를 수행하게 되면 더 이상 회사 내에서 지식을 습득할 수 없다. 외부에서 지식을 흡수할 필요가 생기는 것이다. 그래서 입사 후 5년 정도 지나면 사회인 대학원에 등록하는 사람이 크게 늘어난다. 내가 있는 대학원에도 이런 학생들이 많다. 만약 이 시기를 제대로 넘지 못하면 슬럼프가 올 가능성이 높다.

외부에서 지식을 흡수해서 30대 중반까지는 지식이 늘어난다고 해도 모든 사람이 50세까지 지속적으로 발전하지는 않는다. 성장이 정체되는 사람이 더 많다.

업무를 하면서 자기계발을 하려면 업무에 지장을 줄 정도로 과도하게 해서는 안 된다. 하루에 잠깐씩이라도 시간을 내서 꾸준히 자기계발을 하는 것이 중요하다. 예를 들어 영어공부를 한다면 매일 10분씩만 투자해서 문장을 하나 외우는 것도 효과적인 방법이다. 이렇게 해도 1년이면 영어문장을 약 300개 외울 수 있다. 이렇게 외운 문장은 곧바로 사용해야 한다. 인간의 뇌는 48시간 내에 4분의 3을 잊는다. 그러니까 배운 것은 업무에 바로 실천하거나 남에게 알려주어야 한다. 매일 꾸준하게 자기계발하려면 안정된 생활리듬을 유지해야 한다. 같은 시간에 일어나고 같은 시간에 잠들며 같은 시간에 식사하고 적당하게 몸을 움직이는 게 좋다.

공부는 투자이며 보험이다. 인생산맥을 실현하려면 다음 산을 위해서 반드시 필요한 공부라고 생각하면서 스스로에게 동기를 부여해야 한다. 대부분 자신의 일에는 의지가 약하니까 스스로에게 겁을 주는 방법도 쓴다. 이 공부를 안 하면 나의 미래는 없다고 생각하는 것이다. 만약 계획한 대로 공부를 잘하면 스스로에게 상을 준다. 조금 비싼 저녁 식사를 하거나 영화를 한 편 보여주는 식이다. 직장을 다니면서 개인적으로 공부하는 것이 쉽지 않다는 것은 누구나 다 알고 있는 상황이다. 그러나 의외로 꾸준히 공부하는 사람도 많이 있다.

40대는 인생의 정오라고 했다. 그래서 인생의 오전에는 일단 공부고, 오후에는 알고 공부라고 했다. 아무 생각이 없이 일단 공부하라는 말은 지금 하는 공부가 꼭 눈앞에 있는 일을 처리하기 위한 공부가 아니라도 좋다는 의미다. 만약 승진이나 자격증 취득과 같이 목표를 정한 공부라면 당연히 목표에 맞추어서 효율적으로 공부해야 한다. 그러나 인생을 더욱 윤택하게 하기 위해서 철학이나 역사 혹은 경영학을 공부한다면 반드시 당장 실현하고 싶은 목표가 없어도 좋다.

공부에 빠질 수 없는 것이 책을 읽는 것이다. 책을 읽는 것은 분야에 관계없이 좋은 일이다. 책을 멀리하는 것이 문제다. 그러므로 어느 책을 읽어야 하는가는 불필요한 걱정이다.

그러나 사회생활을 하면서 내가 하는 일에 대한 지식을 얻기 위해서 책을 읽으려면 순서가 필요하다. 먼저 좋은 입문서를 읽는다. 좋은 입문서란 쉽게 설명하고 전체를 조감하면서 더 깊이 알고 싶은 사람을 위해서 참고문헌까지 잘

소개한 책이다. 학문적인 관점과 실무의 관점이 모두 반영되어 있으면 좋다. 처음에는 세 권 정도 구입해서 읽으면 대개의 내용이 포함되어 있을 것이다. 세 권을 정하는 방법은 인터넷 검색으로 후보 서적을 확인한 후에 그중에서 가장 두꺼운 책을 기준으로 한다. 대학교재는 두껍지만 주로 학문적인 관점에서 설명되어 있기 때문에 사회인들은 읽기가 어렵다.

책을 읽으면 한계효용 체증의 효과가 일어난다. 책을 한 권 읽으면 한 단위의 지식이 증가한다고 했을 때 n권을 읽으면 2의 n승으로 지식이 증가하는 것이 한계효용 체증의 법칙이다. 이것이 바로 책이 사람을 만드는 원동력이다.

책을 읽은 후에는 강연회나 대학의 공개강좌에 참가한다. 좋은 강좌는 여러 사람이 나와서 조금씩 강의하는 것보다 한 사람이 오랜 시간 동안 강의하는 것이 좋다. 이렇게 해야 체계적인 설명을 들을 수 있다. 강사가 전문서적의 저자라면 더욱 좋다. 강의와 함께 책을 이용할 수 있기 때문이다. 문제의식을 가지고 강의를 선택하며 미리 강사의 저서를 읽은 후에 강의를 들으면 가장 효과적이다. 책을 읽을 때에는 저자의 입장이 되어서 읽는다. 책의 여백에 나의 생각이나 궁금한 점을 기입하는 것은 저자와 토론하는 것과 같다. 이를 통해서 새로운 지식을 창출하게 된다. 자칭 전문가라고 하면서 기본지식이 없거나 주요한 최신 뉴스를 모른다는 것은 죄가 된다.

잘 모르는 분야의 책을 고를 때에는 페이지가 두꺼운 책이 좋다. 저자가 책을 쓸 때에는 먼저 목적과 관점을 정한다. 예를 들어 목적은 최신 이론을 소개하기 위해서, 혹은 실천하기 쉬운 방법을 전수하기 위해서다. 관점은 기업 경영자이거나 대학생과 같이 독자를 생각하기 쉽다. 목적과 관점을 정한 후에 여기에 맞추어 내용을 저술한다. 페이지가 얇은 책은 저자가 목적과 관점을 너무 좁게 정하고 내용을 너무 많이 생략한 경우가 대부분이다. 두꺼운 책은 저자가 많은 내용을 제공하기 때문에 그중에서 필요한 내용을 독자들이 스스로 선별해 이용할 수 있다.

현실적으로 학습이나 지식의 습득에 전혀 관심이 없다고 말하는 사람도 많이 있다. 생활환경이 너무 열악해서 하루하루 살아가는 것도 힘들기 때문에 지식 습득에 관심이 없다는 것이다. 현실적으로 공부할 여유가 없다고 말하는 사람도 사실 지식이 없으면 할 수 있는 일이 없다. 현대는 지식사회다. 굼벵이도 기는 재주가 있다고 한다. 굼벵이에게는 기기 위한 지식이 필요하다. 그러므로 겉으로는 지식에 관심이 없다고 하지만 자기 분야에 대한 어느 정도 지식은 알고 있다. 다만 학교에 가거나 책을 읽는 것에 관심이 없다는 의미다. 실제로는 내가 하는 일을 잘 아는 사람에게 물어보거나 현장을 방문해서 눈으로 보거나 하며 누구나 공부하고 있다. 실질적으로 지식 습득을 전혀 하지 않는 사람은 없다.

공부는 학교에서 하는 것이라고 생각하고 대학원에 진학하거나 유학을 고려하는 사람도 많다. 사실 우리나라는 학력 인플레 때문에 고학력자가 많다. 1950년대에 유학한 학생은 귀국해서 장관이 되었고 1960년대 유학생은 대기업 임원이 되었다고 한다. 지금은 유학을 해서 박사학위를 받아도 대기업의 대리나 과장 정도의 직급으로 취업하는 것 같다. 만약 대학교수나 연구원이 되려면 박사학위를 취득한 후에도 연구기간을 더 많이 가져야 한다. 박사학위는 양날의 칼이다. 좋은 일을 하기 위해서 필요한 최소한의 요건이 되기도 하지만 학위가 있기 때문에 하지 못하는 일도 있다. 학위취득을 위해서 사용한 기회비용을 회수하지 못하는 경우도 많다. 만약 입신양명을 원한다면 학위취득에 걸리는 시간과 비용이 너무 크다. 자기만족을 위해서 학위취득을 원한다면 이건 개인 사정이니까 별도의 문제다. 그러므로 박사과정에 진학하는 것은 위험한 선택이다. 기회와 위험을 함께 가지기 때문이다.

29

리더는
입으로 일하나?

직장생활을 하다 보니 어느새 작은 규모 팀의 리더가 되었습니다. 지금까지는 주어진 업무만 잘하면 되었는데 리더가 되고 나니 어떻게 해야 할지 어려움을 많이 느끼고 있습니다.

리더는

흰 장갑에 먼지를 묻히지 않는다

내가 현장감독으로 근무할 때의 일화다. 현장에는 작업자가 수백 명 있었지만 대부분 나보다 나이가 많았다. 그래서 작업자를 통솔하는 데 크게 애를 먹었다.

그때 경륜이 많은 어느 경영자가 이런 조언을 해주셨다. "아침에 출근하면 흰 장갑을 껴라. 그리고 퇴근할 때까지 장갑에 먼지를 묻히지 마라." 현장감독으로서의 업무를 제대로 하려면 하나하나의 작업에 깊이 관여하지 말고 현장 전체의 흐름을 조감하고 각 작업은 작업반장에게 일임하라는 조언이었다.

흰 장갑은 리더가 전체를 조감하고 있다는 것을 은유한다. 만약 리더가 자질구레한 일에 너무 깊이 관여한다면 그 일은 잘할 수 있을지 몰라도 결국 전체의 흐름은 엉망이 될 가능성이 높다. 물론 리더가 궂은일에 앞장서면 구성원들에게 동기를 부여하고 일체감을 올릴 수 있으니 가끔은 궂은일이 필요할 때도 있다. 그렇다고 해서 리더가 항상 궂은일만 하고 있으면 조직 전체는 누가 이끌어가겠는가?

리더는 직책을 말하는 것이다. 그러므로 리더로 임명되기 전에는 어느 분야에서든 전문가로 일했을 것이다. 그러나 리더가 된 후에는 한 가지 분야의 전문가가 아니라 모든 분야의 전문가를 하나로 뭉치게 만드는 일에 전문가가 되어야 한다. 이를 위해서는 전체를 조감하는 능력도 필요하고 구성원들에게 동기를 부여하는 능력도 필요하며 나를 희생하는 능력도 필요하다. 리더에게는 리더에게 필요한 능력이 따로 요구된다.

제2차 세계대전 당시 맥아더 장군의 이야기를 잠시 살펴보자. 동남아시아에는 크고 작은 섬이 매우 많다. 당시 이 섬들은 일본군이 점령하고 있었기 때문에 만약 미군이 모든 섬을 하나씩 탈환하려면 너무 많은 시간이 필요했다. 그래서 맥아더 장군은 섬을 건너뛰면서 탈환하려는 전략을 세웠다. 만약 일본군이 점령한 섬을 중심으로 몇 개씩 건너뛰면서 탈환하면 미군으로서는 진격하는 속도가 매우 빨라지지만 일본군으로서는 보급로가 막히게 되어 전투를 수행하기 어려워진다. 결과적으로 이 작전은 크게 성공했다. 군이 미군이 탈환하지 않았던 섬도 더 이상 일본군이 전투력을 유지하지 못하게 되자 사실상 점령이 해제되었다. 맥아더 장군은 전장의 전체 상황을 조감하여 결국 싸우지 않고 이기는 길을 찾은 것이다.

이 개구리 작전처럼 전체를 조감하고 과제를 발견하는 능력은 리더에게 필수적인 능력이다. 사원에게도 이런 능력이 요구되기는 하지만 아무래도 리더에게 더 필요한 능력이다. 이 능력을 습득하려면 전체를 비판적으로 보아야 한다. 이 자료는 정말인가? 이 자료는 전체를 나타내고 있는가? 특히 숫자의 의미를 비판적으로 보아야 한다. 통계는 잘못된 결론을 도출하는 데 강력한 수단이 되기 때문이다.

그래서 리더는 새의 눈과 곤충의 눈을 함께 가져야 한다. 높은 곳에서 전체를 바라보는 관점이 새의 눈이며, 낮은 곳에서 부분에 집중하는 눈이 곤충의 눈이다. 전체와 부분을 바라보는 관점은 일구이언을 통해서 연습이 가능하다. 현재의 상황은 역사의 결과이기 때문에 새의 눈을 가지려면 역사를 배우는 것이 좋다. 역사는 반복된다. 그렇기 때문에 역사에서 배우는 것은 현재 일어나고 있는 사건을 이해하는

데 크게 도움이 된다.

일상생활에서는 곤충의 관점에서 하나의 체인 조각을 만들고 새의 관점에서 체인을 완성해서 자전거를 움직여야 한다. 하나의 체인 조각은 그 자체로 완성되어 있지만 체인 조각 하나만으로 자전거를 움직일 수는 없다. 조그마한 체인 조각을 여러 개 모아서 긴 체인을 완성해야만 비로소 자전거를 움직일 수 있다.

30

나는 왜
슬럼프에 빠지면
헤어나질 못할까?

저는 한번 슬럼프에 빠지면 오랫동안 헤어나지 못하는 편입니다. 다른 사람들은 슬럼프를 어떻게 극복하는지 정말 궁금합니다.

미래에서
현재를 바라본다

　　박사과정에 입학해서 처음으로 연구계획을 발표했을 때다. 몇 달 동안 문헌을 조사하고 연구목표를 넣어서 연구계획서를 만들었다. 그리고 지도교수를 포함하여 연구실 멤버들 앞에서 당당하게 발표를 했다. 앞으로 나는 이 주제를 연구해서 박사학위를 받겠노라고 주장한 것이다. 그런데 지도교수의 평가를 듣고 크게 낙심했다. 그날은 하루 종일 식사도 못하고 고민할 정도였다.
　　나의 연구계획이 이미 10년 전의 이야기라는 거다. 그런데 10년 전이라는 기준이 나를 당황하게 했다. 박사학위를 받으려면 3년 이상 걸리고 학위를 취득한 후에도 박사 후 연구원을 해야 한다. 그리고 아카데믹한 일자리를 찾아서 자리를 잡고 본격적으로 연구하려면 앞으로 10년 후에 중요해질 내용이 박사과정의 주제가 되어야 한다는 게 이유였다. 내가 발표한 주제는 현재 중요한 주제였다. 그러니 10년 후에 내가 본격적으로 연구생활을 할 시점에서 돌이켜보면 현재 중요한 주제는 10년 전의 주제가 되는 셈이다.

그래서 나는 이날부터 연구실에서 숙식을 시작했다. 월요일 아침에 연구실에 가면 토요일 오후에 잠깐 집에 들르는 정도였다. 일주일 내내 연구실에서 살았다. 그리고 지도교수와는 새벽 2시에 연구미팅을 하기도 했다. 10년 후에 중요해질 주제를 찾아서 박사과정의 연구계획을 새로 세웠다.

그 당시에 계획했던 연구주제는 지금은 산업계에서 거의 상식적인 주제가 되었지만 아직도 해결하지 못한 기술이 많이 남아 있다. 만약 내가 박사과정의 주제를 지금까지 연구하고 있다고 해도 아직 연구할 내용이 많다. 당시 지도교수의 혜안에는 그저 감탄할 따름이다. 그때의 배움 덕분에 지금 나도 석사과정의 주제는 3년 후, 박사과정의 주제는 10년 후의 시점에서 평가하려고 노력하고 있다.

낙심이 오랫동안 계속되면 슬럼프가 된다. 그러므로 슬럼프를 극복하는 것보다 중요한 것은 낙심을 얼른 없애는 것이다. 문제를 극복하는 능력을 기르기보다 문제의 근원을 없애려고 노력해야 한다. 낙심하면 가장 절실하게 필요한 것이 내 이야기를 들어줄 사람이다. 하지만 그럴 사람이 거의 없다는 것이 문제다. 여러분은 친구가 낙심했을 때 몇 시간이고 이야기를 들어줄 수 있는가? 참 어려운 일이다.

내가 하고 싶은 말을 하고 마음을 정리하기 위해 지금의 마음을 그대로 노트에 적는 것도 한 가지 방법이다. 그래서 나는 낙심하면 글을 쓴다. 그저 지금의 내 심정을 글로 쓰는 것이다. 내가 나의 말을 들어주는 거다. 이 작업은 내 심장에 남아 있는 타들어간 감정을 적출하는 일이다. 그러다 보면 마치 체했던 것이 쑥 내려가는 것처럼 어느 순간 가슴이 시원해지는 것을 느낀다. 이 방법이 좋은 점은 나중에 또 비슷한 마음이 들 때에 이전에 적어두었던 내용을 다시 볼 수 있다는 거다. 그러면 이전의 마음과 지금의 내 마음을 비교할 수 있다. 만약 지금의 마음이 이전보다 더 무겁다면 지금까지 겪은 감정 중에서 지금의 감정이 가장 무겁다는 것을 인정한다. 내 마음이 이렇구나 하고 인정만 해줘도 마음이 좀 풀어진다.

낙심하면 혼자서 여행을 가는 사람도 있고 혼자 드라이브를 하는 사람도 있다. 그런데 나는 여행하거나 드라이브를 해도 별로 효과가 없었다. 낙심은 마음에 상처가 난 것이니까 치유하는 방법 역시 내 마음에 적합한 게 효과가 있다.

31

만약 20대로 되돌아간다면 무얼 할까?

직장에서 일이 잘 안 풀리거나 대인관계에 힘이 들 때면 왜 내가 이 회사에 왔을까 생각하다가 대학시절까지 생각이 거슬러 올라갑니다. 교수님은 만약 대학시절로 되돌아간다면 무얼 하고 싶으신지요?

미숙했던 청춘을 반성한다

나는 대학시절에 동아리 세 곳에 가입했다. 하나는 시를 쓰는 문학 동아리였다. 시를 쓰고 학교 축제기간에는 시인을 초대해서 이야기를 듣기도 했다. 시화전을 통해 내 미숙한 글을 여러 사람 앞에 내놓기도 했다. 아마도 글보다 액자가 더 좋았던 것 같다. 시를 쓴다는 것은 대학생에게는 고도의 지적 유희였다. 단어 하나하나에 의미를 부여하고 다양하게 해석하면서 즐거워했다. 하지만 이런 놀이를 말장난이라고 평가절하하는 친구도 있었다.

또 하나는 외국대학의 교환학생이나 외국기업의 인턴을 준비하는 동아리였다. 1년간 휴학하고 세계일주를 하고 온 선배도 여럿 있었다. 그 당시는 단수여권이라서 한 번 외국에 갔다 오면 여권이 말소되었으며 군대를 가지 않은 사람은 허가를 받아야만 외국에 갈 수 있었다. 그런 시대에 세계일주를 한 선배의 경험담을 들으면 정말 재미있었다. 동아리에서 꾸준히 활동한 덕에 나도 대학 4학년 때 독일 레겐스부르크대학에 교환학생으로 갔다. 비용은 독일 문부성에서 부담했기 때문에 생활에는 어려움이 없었다. 그러나 여행비용을 마련하기 위해서 한 시간 이상 차를 타고 가서 야외 맥주홀 아르바이트를 하기도 했다. 주말에는 기차를 타고 배낭여행을 했다. 돈이 없어서 공원에서 자거나 기차 바닥에서 잠을 잔 적도 많았다. 큰 기차역 앞에는 대개 공원이 있어 밤이 되면 나처럼 배낭여행을 하는 학생들이 많이 몰렸다. 어느 정도 규모가 되면 불침번도 정했다. 불침번을 맡으면 긴 막대기를 들고 한 시간 동안 무리를 보호한 후 시간이 되면 다음 불침번을 깨워야 했다. 이 당시에 찍은 사진을 보면 눈에 독기가 서려 있다. 생존과 여행을 함께하니 역시 온몸에 서린 팽팽한 긴장감이 사진에 그대로 나타난다.

세 번째 동아리는 동창회 동아리인데 여기서는 틈만 나면 술을 마시고 카드놀이를 했다. 카드놀이에는 약간의 돈을 걸기도 했는데 기분만으로는 거의 프로 도박사였다. 마치 대단한 두뇌게임을 하는 듯한 기분이었다.

대학시절에는 이렇게 세 곳의 동아리를 하면서 동시에

과외 아르바이트를 했다. 수업을 가고 숙제도 하고 동아리 활동도 하면서 과외를 하려면 시간을 쪼개서 사용할 수밖에 없다. 그 당시에 몸소 배운 것은 두 발은 땅을 굳건하게 딛고 두 눈은 고개를 들어 하늘을 바라봐야 한다는 것이다. 내가 처한 현실을 제대로 인식하고 현재를 충실하게 살면서도 머릿속으로는 항상 미래를 구상하고 이를 실현하기 위한 준비를 해야 했다.

나는 지금 50대다. 20대의 이야기니 지금부터 30년 전이다. 20대로 돌아간다는 것은 30년 전으로 돌아간다는 것이다. 만약 지금부터 30년 후의 미래에서 지금을 본다면 마치 50대가 20대를 생각하는 것과 같다. 사실 나는 현재의 관점에서 과거를 회상하거나 바라보는 경우가 거의 없다. 이렇게 대학시절을 회상한 것도 정말 졸업하고 처음인 것 같다. 보통은 미래의 관점에서 현재를 평가하거나 다짐하는 경우가 대부분이다. 아무리 힘든 일이라도 매일 조금씩 10년 동안 하겠다고 다짐하는 것도 미래의 관점에서 현재를 보기 때문에 가능한 다짐이다. 그럼에도 불구하고 만약 20대로 돌아간다면 전체를 조감하면서 동시에 부분을 관찰하는 능력을 가장 기르고 싶다.

내가 현장감독으로 근무할 때의 일이다. 외국에서 곡

물을 배에 싣고 오면 항구에 있는 사일로(저장탑)에 일시 저장을 했다가 차량에 싣고 가공소로 이동한다. 이런 시설물을 인천항에 건설하는 현장이 곧 나의 현장이었다. 이 현장에는 여러 기업이 참여하고 있었고, 나는 고객 기업과 실제로 작업하는 기업의 사이에서 작업을 감독하는 입장이었다.

그런데 어느 날 사건이 발생했다. 한 팀의 작업이 제대로 수행되지 못해서 현장 전체의 공정에 차질이 온 것이다. 나는 그 팀의 반장을 불러서 책임을 추궁했다. 그런데 내 말투가 영 부드럽지 못하고 거칠었던 모양이다. 옆에 있던 작업자가 반장을 거들어서 나에게 사정을 설명했다. 그때 나는 이렇게 말했다. "애들은 저리 빠져 있어." 그 작업자는 나에게 큰 형님뻘 이상으로 나이가 많은 분이었다. 반장은 거의 아버지뻘이었다. 당시 나는 공정 전체를 계획대로 유지해야 된다는 압박감에 이성을 잃고 심하게 말한 것이다. 이렇게 지난날을 회상하고 보니 나야말로 제대로 갑질을 한 것인지도 모르겠다. 두 분과는 그날 저녁에 식사를 함께하면서 소주잔을 기울였던 기억이 난다.

그날의 기억은 수십 년이 지난 지금까지 머릿속에 생생하게 남아 있으며 여전히 많은 반성거리를 준다. 그날 이후로 나보다 나이가 많든 적든 업무 파트너에게 저렇게까지 싸가지 없이 말한 적은 없다. 참으로 미숙했던 20대였다.

나는 벤처 경영자로서도 사원에게 존댓말을 사용했으며 교수로서도 학생들에게 존댓말을 사용했다. 존댓말을 사용하면 상대방을 험하게 대하기가 어렵다. 20대로 돌아간다면 이런 실수들을 하지 않도록 더 깊이 있게 보는 능력을 기르고 싶다.

32

어떤 것이
성공한 커리어인가?

저는 상세하게는 아니라도 나름대로 큰 줄기의 커리어 디자인을 하고 있는데 사실 이대로 실현할 수 있을지는 자신이 없습니다. 제가 원한 대로 커리어가 실현되어야만 성공한 것 아닌가요?

나의 커리어는
내가 판단한다

커리어 디자인을 하는 목적은 커리어의 성공에 있다. 커리어의 성공은 다음과 같은 상태다. 커리어의 성공은 내가 그렸던 미래의 이미지와 비교해보았을 때 내가 하고 있는 일에 스스로 만족하거나 납득한 상태다. 남보다 많은 수입이나 동기보다 빠른 출세, 명예, 자격증이 성공의 기준이 아니다. 만약 일을 통해서 나 자신이 활성화되고 있다고 느끼고 행복감을 맛볼 수 있는 상태라면 커리어가 성공한 것이다. 그러므로 커리어의 성공과 실패는 나 스스로 판단할 수밖에 없다. 판단의 기준 역시 내가 정하는 것이다. 옛말에 "평양감사도 저 하기 싫으면 그만"이라는 것이 있다. 세속적인 기준으로 평양감사는 고관대작으로 매우 성공한 커리어라고 평가할 수 있다. 그러나 본인이 싫다면 이는 결과적으로 실패한 커리어일 수 있다.

사회 초년생이 자신의 커리어를 스스로 생각하고 설계하는 것은 매우 의미가 있다. 많은 사람들이 자신의 커리어를 생각해보지 않은 상태에서 사회생활을 시작하기 때문이다. 기업에 취업한 신입사원의 4분의 1은 입사 후 1년 이내에 퇴사한다는 조사 결과도 있다. 얼마나 아까운 일인가? 사원에게나 기업에게나 시간낭비며 비용낭비가 되었으니까.

같은 세대는 비슷한 꿈과 비슷한 목표를 가졌다고 하지만 사실은 그렇지 않다. 만약 지금까지 한 번도 커리어 디자인을 해본 적이 없는 사람이 처음 커리어 디자인을 해보면 무난한 내용이 되기 쉽다. 그래서 커리어 디자인을 나중에도 지속적으로 개정하라고 거듭 강조하는 것이다. 지금부터 10년, 20년이 지나고 나서 보면 내용이 크게 달라져야 정상이다.

커리어의 평가는 과거의 실적에 근거한 평가와 미래의 기대치에 대한 평가를 합한 것이다. 그러므로 일을 시작하는 시점에서의 평가는 주로 과거의 실적에 근거하게 된다. 이력서에 과거의 실적을 상세하게 적는 것은 이런 이유에서다. 그런데 미래에 대한 기대치는 나중에 현실적으로 나타날 실적과 차이가 있다. 예를 들어 기업에서 사원을 채용할 때에 '나는 누구였나'를 기준으로 평가해서 채용했는데 시간이 흘러도 '나는 누구여야 하는가'에 대한 답이 보이지 않는 경우가 있다. 그러면 기업에서는 실망하게 된다.

시소에 비유해서 생각해보자. 왼쪽에는 과거의 실적이 있고 오른쪽에는 미래의 기대치가 있다. 시소는 어느 쪽으로 기울어야 할까. 처음에는 과거의 실적이 땅에 닿아 있다. 그러나 시간이 지나면서 시소는 점점 오른쪽으로 기울어야 한다. 그러다가 어느 시점에서는 미래의 기대치가 완전히 땅에 닿는다. 기대했던 만큼 성과가 나온 것이다. 과거의 실적이 미흡한 사람을 낮게 평가하는 것도 위험하지만 미래의 기대치만 가지고 너무 높게 평가하는 것도 매우 위험하다. 그래서 사람을 평가하는 게 어렵다는 거다.

내가 한 일에 너무 쉽게 만족해도 문제지만 전혀 만족하지 못하는 것도 문제다. 일을 하기 전에 먼저 목표를 정해야 한다. 나의 능력을 충분히 발휘해야만 달성되는 수준을 목표로 한다. 능력보다 10% 정도 위를 목표로 하는 것이다. 일을 마치면 목표한 만큼 달성했는지를 평가한다. 만약 달성했다면 이에 만족할 수 있어야 한다. 내가 정한 목표를 달성했다면 스스로에게 상을 주는 것도 좋다. 조금 비싼 식

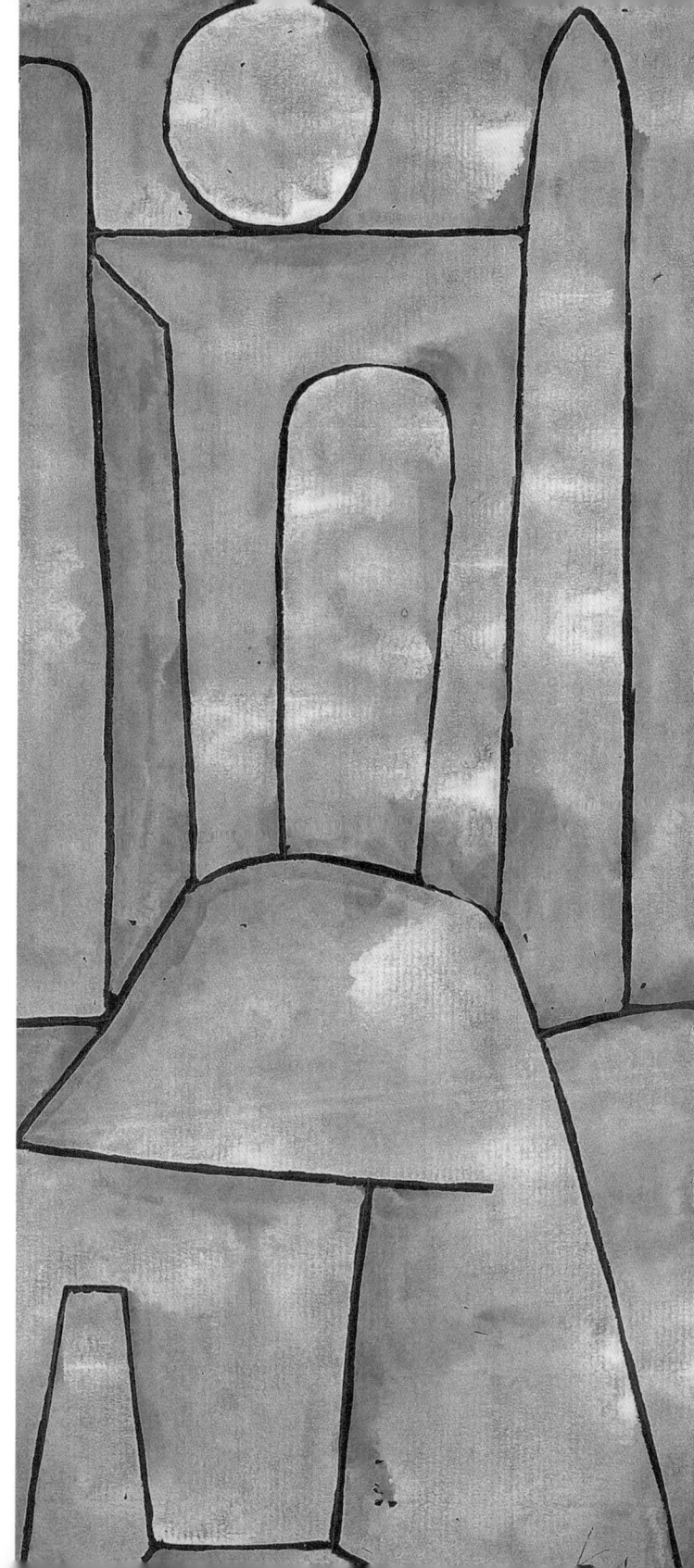

사 한 끼를 나에게 선사하는 것도 한 방법이다. 정말 어려운 목표를 달성했다면 평소에 가지고 싶었던 비싼 물건을 사도 좋다. 성과에 대한 불만족은 다음번 일에 채찍이 되지만 만족은 당근이 된다. 좋은 일을 하며 성과에 대해서 만족하는 것은 내 인생을 윤택하게 만든다. 일이 끝나고 만족해하는 내 모습을 상상하면서 열심히 일하는 것과 성과에 불만족하는 내 모습이 보기 싫어서 열심히 일하는 것. 어느 쪽이 더 좋은지는 명백하다.

인생에 후회는 없어야 한다. 내가 인생에서 거둔 성과가 생각했던 것보다 나쁜 것과 내가 내 인생을 후회하는 것은 다르다. 성과가 좋거나 나쁘다거나 크거나 작다고 말하는 것은 내가 생각했던 기준과 비교했을 때 곧잘 사용하는 표현이다. 그러므로 다른 사람이 보기에는 비슷한 성과를 거둔 사람이라도 스스로의 성과를 평가할 때에는 표현이 달라야 한다. 후회는 성과와는 상관이 없다. 커다란 성과를 거둔 사람도 인생을 후회한다고 말할 수 있다. 성과가 양적인 평가라면 후회는 질적인 평가다. 양은 다른 사람도 알 수 있지만 질은 나만 알 수 있다. 그러므로 내 인생을 평가할 때 평가기준을 너무 높이지 말아야 한다.

33

나는 왜
완벽을 추구할까?

다른 사람들을 보면 행동이나 말투 하나하나가 빈틈이 없고 완벽한 것 같습니다. 저도 대중 앞에서 발표를 하거나 이야기를 할 때 차림새, 표정, 말투, 행동까지 하나하나 완벽하려고 노력하는데 이게 너무 힘이 듭니다. 제가 평소와 너무 다른 모습으로 사람을 대하려다 보니 오히려 안 좋게 느껴질 때도 있습니다. 저 스스로 만족하는 정도로만 하는 것과 남들에게도 인정받을 수 있을 만큼 완벽하기 위해서 노력하는 것 중에 어떤 것이 좋다고 생각하시나요?

결점을

하나씩 개선해나간다

'다른 사람은 다 잘하는데 나는 왜 이리 부족할까' 하고 고민하는 사람들이 많다. 이런 사람일수록 완벽이라는 단어를 좋아한다. 끊임없이 남하고 비교하고 비교당하는 사회에서 살다 보니 그렇게 되는 것 같다. 그러므로 완벽이라는 단어는 주의해서 사용해야 한다. 현실 속에서 완벽이란 있을 수가 없다. 완벽이라는 단어를 입에 담는 그 자체만으로도 사람에게 주는 부담감과 스트레스는 크다. 완벽을 추구하느라 스트레스만 쌓고 시간을 허비하지 말고 결점을 하나씩 줄여나갈 수 있도록 목표를 세워야 한다.

스스로 만족하는 인생을 살기가 참 어렵다. 만족하는 인생은 자기가 생각해도 열심히 살았다고 느껴야 가능하다.

그렇다고 해서 이런 인생을 완벽하다고 표현하지는 않는다. 우리가 할 수 있는 것은 그저 결점을 없애려는 노력을 꾸준히 하는 것이다. 만약 출근을 한다면 준비를 충실하게 해야 한다. 건강은 최상의 상태를 유지하며 복장은 최대한 깨끗하고 정갈하게 하는 것이 회사에 대한 예의다.

물론 완벽을 추구하는 것 자체는 아무런 문제가 되지 않는다. 좋은 일을 하고 싶다면 완벽을 꿈꿔야 하는 게 맞다. 그러므로 우리는 몽상가가 되어야 한다. 몽상가는 꿈을 꾸는 사람이다. 꿈은 완벽하다. 경우에 따라서는 현실성이 없고 헛된 꿈을 꾸기도 하지만 또 꿈의 일부분을 이루기도 하는 것이 몽상가다. 나는 비록 작은 존재에 불과하지만 내 주변의 어두운 곳을 힘닿는 데까지 밝게 비추는 촛불과 같은 존재가 되는 것이 꿈이라면 누구보다 묘비명으로 '몽상가'가 어울릴 것이다.

이렇게 몽상가라는 단어를 나의 묘비명으로 정한 후에 다시 한 번 내가 하는 일을 보면 이들을 관통하는 의미를 발견할 수 있다. 어떤 일을 하든지 항상 다른 사람에게 피해를 주지 않으려고 노력했으며 조금이라도 사회에 도움이 되려고 노력한 것이 보인다. 나는 몽상가의 꿈을 실현하기 위해서 이렇게 노력했노라고 스스로 만족할 수도 있다. 스스로 만족하는 인생이 좋은 인생이다.

몽상가는 진인사대천명을 이해한다. 이는 내가 할 수 있는 만큼 성실하게 하고 결과에 대해서는 긍정적으로 받아들이는 자세를 말한다. 성실성에는 나 혼자만의 세계에서 필요한 성실성이 있고 다른 사람과의 관계에서 필요한 성실성이 있다. 혼자만의 세계에서는 매일 조금씩이라도 목표를 향해서 나아가는 것이 중요하다. 그래서 어제보다 오늘이 조금 나아졌고 오늘보다는 내일이 조금 더 나아질 것이라는 기대감을 가져야 한다. 반면 다른 사람과의 관계에서 필요한 성실성은 배려의 형태로 나타난다. 상대방이 원하는 것은 하고 원하지 않는 것은 하지 않는 것이다.

'기회의 신'은 앞머리가 무성하고 뒷머리가 없다고 한다. 발견했을 때는 쉽게 붙잡을 수 있지만 지나가고 나면 다시는 붙잡을 수 없기 때문이다. 그러므로 노년에도 활약하고 있는 사람은 보이지 않는 곳에서 철저하게 노력하고 준비해 기회를 잡은 사람이다. 인생은 우발적인 사건의 연속이지만 평소에 의도를 가지고 행동하거나 노력하지 않으면 우발적으로 일어난 사건이 기회라는 것을 알아볼 수 없다.

노력하는 과정에서 일명 '멘탈이 붕괴'되는 경우가 있다. 이때는 빨리 마음을 정리하고 다른 일에 집중하는 것이 중요하다. 이를 위해서 음악을 듣는 것도 한 가지 방법이다. 마음이 무겁거나 슬플 때에는 무겁고 슬픈 음악을 듣는 게 좋다고 한다. 얼마 동안 들으면 무겁고 슬픈 마음은 점점 엷어진다. 마음이 너무 들뜨거나 흥분했다면 빠른 템포의 경쾌한 음악이 좋다. 마음의 파장과 음악의 파장이 비슷하면 서로 상쇄되어 안정을 찾는다고 한다. 마음이 무거울 때 경쾌한 음악을 들으면 오히려 마음이 더 우울해진다.

34

은퇴한 후에는
무엇을 할까?

현재 평균수명이 늘어남에 따라 은퇴와 동시에 제2의 직업을 갖는 사람이 늘어나고 있습니다. 교수님께서는 은퇴한 후에 어떠한 계획을 가지고 계신지 궁금합니다.

평생

현역으로 산다

은퇴는 더 이상 경제적인 수입을 목표로 일하지 않는 것을 말한다. 나의 커리어에 은퇴는 없다. 평생 현역이다. 다만 활동장소가 변할 뿐이다. 대부분의 사람은 기력과 체력이 받쳐준다면 인생의 마지막 날까지 일하고 싶어 한다. 그래서 많은 어르신들이 전국노래자랑의 사회를 보는 송해 할아버지를 부러워한다. tvN 예능프로 〈꽃보다 할배〉에 나온 할아버지들도 평생 현역으로 일하면서 돈도 버니 좋다고들 한다.

한국여자의 기대수명은 84세고 한국남자의 기대수명은 77세라고 하지만 건강수명은 이보다 열 살 정도 낮다고 한다. 건강하지 못하게 살다가 인생을 마감하는 것은 누구나 원하지 않는다. 하늘로 이사 가기 전날까지 건강하게 살아야 한다. 건강에 가장 좋은 것이 바로 일하는 것이다. 일을 하는데 경제적인 수입까지 동반한다면 금상첨화다. 내가 돈을 벌면서 하는 일이 있다는 사실은 나이가 숫자에 불과하다는 말을 증명하는 것과 같다.

평생 현역을 하려면 항상 처음 해보는 일을 즐겁게 마주해야 한다. 처음 해보는 일은 대부분 가슴을 뛰게 한다. 두려움과 기대감이 동시에 있으니까. 이 둘은 마치 시소를 타는 것처럼 어떤 때는 두려움이 더 크고 어떤 때는 기대감이 더 크다. 두려움이 더 클 때는 꼭 이 일을 해야 할까 싶어 망설이거나 후회하고, 기대감이 더 클 때는 언제쯤 시간이 지나서 기대가 현실이 될까 하며 간절하게 원하게 된다. 마음속의 밀당이 클수록 가슴이 뛴다. 그런데 평생 현역으로 살면 이렇게 가슴 뛰는 일을 평생 맛볼 수 있다.

은퇴를 하고 취미생활이나 여가생활에 집중하며 여유롭게 사는 사람이 있는가 하면 은퇴라는 개념 없이 노년에도 현장에서 활발하게 활동하는 사람도 있다. 이렇게 젊은 이들에게 밀리지 않는 능력을 유지하기 위해서는 야구의 구원투수처럼 해야 한다. 선발투수와 구원투수는 각각 운동장과 불펜에서 동시에 공을 던진다. 그런데 선발투수가 던지는 공은 승부고 구원투수가 던지는 공은 연습이다. 그러므로 노년에 승부 공을 던지려면 청년기 장년기에 연습 공을 동시에 던져야 한다. 이를 위해서 필요한 것이 앞서 말한 것처럼 커리어 디자인이고 인생산맥의 개념이다.

평생 현역을 하려면 인생의 과정에서 중요한 결정을 몇 번이고 내리게 된다. 이런 때에는 나의 신념을 믿어야 한다. 남들이 나에 대해서 가지는 모든 생각은 편견이다. 내가 내 생각도 고치기 힘든데 하물며 남들의 생각을 어떻게 고치겠는가? 남의 생각까지 감안하면 내 생각이 엉키지 않을까? 그러니 남들이 뭐라고 하든 내 갈 길만 묵묵히 가야 한다. 사실 사람들은 다른 사람의 일에 그렇게까지 관심이 없다. 있던 관심도 사흘이면 없어진다.

중요한 결정을 하기 전에 이 생각을 하자. 내가 좋고 가족이 좋고 이 세상이 좋아지는 것인가? 중요한 결정을 할 때마다 가족과 세상의 범위를 넓혀나가야 한다. 가능하다면 현 시대의 인류만이 아니라 후손까지 생각해야 한다. 정치가에게 높은 도덕성을 요구하거나 기업인에게 사회적인 책임을 묻는 것은 그들이 생각해야 하는 가족과 세상의 범위가 일반 서민보다 더 커야 하기 때문이다. '출세했다'는 말을 다르게 표현하면 '가족과 세상의 범위가 커졌다'는 의미다.

평생 현역을 하려면 프로가 되어야 한다. 누구나 자기 분야의 프로가 되고 싶어 한다. 프로는 일을 할 때도 사명감을 느끼며 자신의 신념에 따라 행동한다. 프로 중에서도 최상의 프로라면 사회적으로도 높이 평가받는다. 직접 만난 적이 없는 사람도 입소문이나 미디어를 통해서 그를 알고 있다. 이런 프로라면 급여를 받고 일하고 있는 조직의 범위를 벗어나서 사회라는 틀에서 일하고 있는 셈이다. 그러므로 자신이 하고 있는 일이 사회적으로 어떤 의미가 있는지 항상 현실적으로 생각해야 한다. 평생 현역을 꿈꾸는 사람은 먼저 지금 하고 일에서 최고의 프로가 되어야 한다.

프로는 자신의 일을 성공적으로 해내고 있다는 자신감과 자기 일 자체에 대한 자부심이 넘쳐난다. 그러나 동시에 자신이 하는 일에 대해서 항상 두려움을 느낀다. 이 점이 아마추어와 다른 점이다. 아마추어는 자신이 하는 일에 두려움이 없다. 어차피 아마추어니까 얼마간의 실수는 어쩔 수 없다고 치고 일에 대한 실패를 미리 허용하는 것이다. 그러나 프로는 자신의 일에 매우 신중해야 한다. 늘 하는 일이라도 항상 긴장감을 느낀다. 예를 들어 프로야구 선수는 타석에 들어가기 전에 스윙연습을 몇 번이고 하면서 집중도를 높인다. 공 하나에 승부가 갈리기 때문이다. 일을 하면서 두려움을 느낀다는 건 그만큼 성숙했다는 의미에서 좋은 일이다.

일을 하다 보면 대를 위해서 소를 희생하는 경우가 있다. 그러나 무엇이 '대'이고 무엇이 '소'인지는 사람마다 다를 것이다. 어떤 사람의 대의명분은 다른 사람에게는 개인의 사리사욕으로 보일 수도 있다. 우선순위도 그렇다. 어떤 사람에게는 시급을 다투는 최우선 순위라도 다른 사람에게는 해도 그만이고 안 해도 그만인 일로 보일 수 있다. 이처럼 '대소'와 '우선순위'는 객관적으로 보이지만 사실은 매우 주관적이다. 즉흥적일 수도 있다. 그러나 적어도 한 가지 분명한 것이 있다. 포기하는 게 있어야 얻는 게 있다는 것이다. 무엇을 포기하고 무엇을 얻어야 하는지 근본적인 질문을 해야 한다. 그리고 그 기준은 내가 좋고, 가족이 좋고, 이 세상이 좋아지는 것이어야 한다.

현역 생활을 하는 장소가 반드시 국내일 필요는 없다. 점점 외국에서 일을 할 기회가 많아지고 있다. 처음에는 외국이라는 것만으로도 괜히 흥분이 되고 느낌이 신선하다. 그런데 자연스럽게 외국에 자주 출장을 가거나 외국에서 오랫동안 생활하게 되면 외국이나 한국이나 결국 사람 사는 동네는 다 똑같다는 것을 알게 된다. 어느 곳이나 희노애락이 있다. 만약 외국의 언어와 문화에 완전히 적응하면 외국에서 TV를 보면서도 여기가 외국인지 한국인지 구별이 안 될 정도가 된다. 그래서 정들면 그곳이 고향이라고들 한다.

이건 한국에서 살고 있는 외국인도 마찬가지다. 자신의 고국을 떠나 한국이라는 외국에서 오랫동안 살고 있으면 한국이 제2의 고향이 되는 것이다. 앞으로 전 세계는 경제적으로나 정치적으로나 문화적으로나 지금보다 더 밀접하게 연결될 것이다. 그러니 한국과 외국을 의식적으로 구분하려 하지 말고 전 세계가 나의 일터라고 생각해야 한다.

PART 4

행복을

선택할

용기

내가

만족할 수 있는

회사는 어디일까?

나는 아무도 자발적으로 사직하지 않는다는 도쿄대학의 교원을 '자발적으로' 그만두고 도쿄에서 벤처를 창업했다. 회사 사무실은 약 120제곱미터 정도 되는 맨션이었는데 이 정도 면적이면 도쿄에서는 매우 넓은 편이다. 일본 친구들이 와서 보고는 도쿄에 이렇게 넓은 집이 다 있었네 하면서 놀랄 정도였다. 여기에 책상을 넣고 컴퓨터를 구비한 후 일을 시작했다. 약 3억 원 정도 하는 컴퓨터도 있었다. 히타치 제작소 소유물인데 인터넷을 이용한 플랜트 설계기술을 개발해보라며 나에게 빌려준 것이었다. 이 컴퓨터는 너무 무거워서 혼자서는 움직이지도 못할 정도였다.

이렇게 혼자 시작한 회사에 처음으로 여직원이 입사했다. 사원 1호였다. 나는 너무 즐거워서 그날 오후에 전 직원을 모아놓고 단체로 기념사진을 찍었다. 나와 여직원과 잠시 방문한 지인, 모두 합해서 세 명이었다. 그래도 이게 어디냐고 생각했다. 회사가 한 명에서 두 명으로 성장했으니. 그런데 다음 날 출근시간이 지나도 여직원이 출근하지 않는 게 아닌가. 나는 매우 걱정이 되었다. 그런데 겨우 연락이 되어 물어보니 퇴사한단다. 하루 만에. 이것도 퇴사라고 해야 하나? 아니면 입사한 사실이 없다고 해야 하나? 아무래도 너무 작은 회사라서 싫었나 보다. 그런데 별 수 있나. 이제 창업한 지 며칠밖에 안 된 회사인걸.

그때 소프트뱅크의 손정의 사장이 생각났다. 그가 회사를 만들었을 때 처음으로 두 명의 사원이 입사했다고 한다. 손정의는 두 명을 앞에 세우고 사과박스 위에 올라가서 일장 연설을 했다. 미래에 우리 회사는 시가총액 일등기업이 될 것이라고. 그런데 다음 날 직원 한 명이 퇴사했다. 아무래도 사장이 좀 이상한 사람, 즉 과대망상자인 것 같다고 하면서.

회사를 나 혼자 시작했지만 어느새 상근직원이 다섯 명을 넘게 되었다. 예전에 비해 손님들도 자주 오니 더 이상 맨션에서는 업무를 보기가 어려워졌다. 그래서 제대로 된 빌딩의 사무실로 이전을 했다. 사무실은 도쿄대학의 아카몬 정면에 있었다. 도쿄대학은 원래 토족 장군의 집이었다. 그런데 장군의 딸이 천왕에게 시집을 가자 천왕은 여기가 자신의 처갓집이라는 표시로 빨간 대문을 세워주었다. 이게 아카몬인데 지금은 도쿄대학의 상징이다. 새롭게 이사한 사무실은 아카몬이 아래로 내려다보이는 곳이었다. 그래서 손님들이 오면 매우 좋아했다. 우리 직원들은 나무가 많은 도쿄대학 캠퍼스를 마치 정원처럼 사용했다.

사무실을 이전하고 나서는 직원들을 많이 채용했다. 그런데 어느 순간 보니 사원들이 모두 고학력자였다. 도쿄대학이나 도쿄공업대학을 나와 외국유학을 하고 박사과정을 마친 직원들이 대부분이었다. 나는 직원들에게 최대한의 대우를 했다. 출장을 가면 가장 좋은 호텔에 묵게 했다. 푹 쉬어야 일을 잘하기 때문이다. 출장비도 넉넉하게 지급했다. 지갑에 돈이 있으면 업무를 하는 데에도 여유가 생기기 때문이다. 국제학회에도 많이 보냈다. 새로운 지식을 흡수해야 우리 제품의 수준이 올라가기 때문이다. 국제 전시회에도 많이 보냈다. 견문을 넓혀야 업무의 수준이 올라가기 때문이다. 급여는 연봉제로 했는데 과거 실적보다 미래 가치를 높이 평가해서 지불했다. 그러다 보니 다른 회사보다 급여가 훨씬 높았다. 사원들이 놀랄 정도로. 회사는 사원들에게 돈으로 자존심을 세워줄 테니 사원들은 업무의 질로 회사에 공헌하라는 의미였다.

    일본 사람들이 생각하는 돈에는 살리는 돈과 죽이는 돈이 있다. 같은 돈을 쓰더라도 어떤 돈은 나를 살리고 어떤 돈은 나를 죽인다. 회사에서 사원교육에 쓰는 돈은 회사를 살리는 돈이다. 그러나 단순히 소비성 항목에 쓰는 돈은 회사를 죽이는 돈이다. 그러므로 살리는 돈은 많이 쓸수록 회사가 살아난다. 죽이는 돈은 절대로 쓰지 말아야 한다. 이런 의미에서 직원 회식에 사용하는 돈도 살리는 돈으로 만들려고 노력했다. 회식을 하면 계산하기 전에 지금까지 먹은 게 모두 얼마인지 추정하도록 해서 가장 근사치로 맞힌 사원에게는 현금 3만 원을 상금으로 주었다. 월급쟁이에게 숫자감각은 필수다. 이를 가르치기 위해서 모든 참석자에게 금액을 말하게 했다. 그러다 보니 다들 숫자감각이 늘었는지 눈치가 늘었는지 나중에는 1000원 단위에서 승부가 갈릴 정도가 되었다. 숫자에 대한 습관이 생기면 평소 업무를 할 때에도 숫자로 생각하게 된다. 그러면 무엇이 문제인지 금방 알아차리게 된다. 열심히 일해서 앞으로는 남고 뒤로는 밑지는 일이 생기지 않게 된다.

연말이 되면 모든 사원들이 모여서 한 해 동안 가장 멋지게 일한 사원이 누구였는지 각자 이름을 말하게 했다. 그러면 다들 이름을 댄다. 이렇게 해서 가장 많이 거론된 사원은 자연스럽게 그해 가장 멋지게 일한 사원이 된다. 여기에 상금은 없다. 그저 자신의 자랑스러운 모습을 동료들이 알고 있다는 사실만 기억하게 한다. 이것만으로도 사원에게는 충분한 자존심이 생긴다. 자존심이 있는 사원은 누구의 눈치도 보지 않고 오너처럼 일한다. 회사 입장에서 볼 때 가장 좋은 사원은 오너보다 더 오너 같은 사원이다.

모든 사원이 다 업무에 적극적이지는 않다. 이런 사원도 있었다. 아슬아슬하게 오전 9시에 출근했고 오후 6시 정각이 되면 바로 칼퇴근했다. 점심시간은 철저하게 한 시간을 채우고 절대로 잔업을 하지 않았다. 이 사원은 박사과정을 마친 상태라서 상당히 큰 기대를 했는데 결과적으로 회사에는 전혀 공헌을 하지 않았다. 이 사원의 마음속에는 회사는 급여를 주는 조직에 불과하며 자신은 정해진 시간만 정확하게 노동을 제공하면 된다는 생각이 있었다. 함께 성장할 생각이 없는 사원을 좋아하는 회사는 어디에도 없다. 나 역시 이 사원과는 정확하게 계약일까지만 함께 일을 했다. 더 이상 함께 일하고 싶은 생각이 들지 않았다.

학력이 좋은 사원은 대부분 자신이 매우 훌륭하다고 생각한다. 그러나 경영자의 관점에서 볼 때는 천만의 말씀이다. 사원은 자신의 급여보다 열 배는 더 벌어와야 한다. 그래야 회사가 살아갈 수 있다. 회사가 사원의 자존심을 살릴 수 있을 만큼 최대한의 연봉을 제공했으면 사원도 당연히 회사가 살아갈 만큼 수준 높은 일을 해야 한다. 그러나 회사가 요구하는 수준은 대부분 사원이 현재 보유하고 있는 수준보다 훨씬 높다. 그러므로 회사의 요구를 만족하려면 입사한 후에도 꾸준히 공부하는 수밖에 없다. 공부하지 않는 사원에게 회사의 미래를 담보할 수는 없다. 공부하지 않는 사원은 결국 도태한다. 그렇지 않으면 회사가 망한다.

35

좋은 회사를 한눈에 알아볼 수 있을까?

회사에 들어가보지 않고서는 회사의 분위기나 문화에 대해서 이해하기가 매우 어려운 것 같습니다. 인턴을 하면서 생각했던 것과 다른 점들을 참 많이 발견했습니다. 회사를 정할 때, 이 회사가 나의 성향과 맞는지 안 맞는지에 대해 미리 판단할 수 있는 방법은 없을까요?

회사의 대표제품은

사원이다

　　회사에서는 제품을 만들어 판매한다. 그런데 아무리 히트하는 제품이라도 히트기간이 1년 이상 지속되기란 참 어렵다. 때문에 회사에서는 계속해서 신제품을 개발해야 한다. 자동차처럼 한 모델을 개발하는 데 몇 년씩 걸리는 제품도 끊임없이 신제품이 나온다. 그러니 개발기간이 짧은 제품은 거의 매일 신제품이 나온다. 이런 상황 속에서 한 회사의 대표적인 제품은 무엇일까?

　　회사의 대표제품은 사원이다. 아니, 대표제품은 반드시 사원이어야 한다. 회사에서는 수많은 제품을 개발하고 판매하지만 소비자들은 일일이 다 기억하지 못한다. 그러나 소비자들에게는 이 회사의 사원은 조직력이 있다거나 저 회사의 사원은 행동력이 있다는 식의 선입관이 있다. 만약 한 회사를 다니다가 퇴사하고 다른 회사로 재취업한다고 생각해보자. 그러면 다른 회사에서는 나의 이력서를 볼 것이다. 이때 이력서의 어느 곳을 가장 먼저 볼까? 출신학교? 전공? 성적?

아니다. 만약 내가 이미 일한 경험이 있다면 이전에 어떤 회사에서 어떤 일을 했는지를 먼저 보게 된다. 왜냐하면 나는 이전에 다니던 회사의 대표적인 제품이기 때문이다. 그러므로 회사에 입사하기 전에 회사에 대해서 알고 싶으면 그 회사의 사원을 직접 만나 이야기를 나누어보는 것이 좋다. 가능하다면 회사를 방문해보고 분위기를 직접 느껴보는 것도 좋다. 인터넷에서 검색한 자료보다 사원을 직접 만나보는 것이 회사의 분위기나 풍토를 가장 정확하게 알 수 있는 방법이다. 특히 입사한 지 5년 정도 되는 사원을 만나보는 게 좋다. 이 사원을 보면 나의 5년 후 이미지를 구체적으로 그릴 수 있는데 만약 그 이미지에 만족한다면 회사에 입사하는 것이 그리 나쁘지 않은 선택이 될 것이다.

그다음에 조사할 것은 이직률이다. 좋은 회사라면 당연히 이직률이 낮을 것이다. 많은 회사에서 앞문으로 대량 취업을 시키고 뒷문으로 대량 사직을 시킨다. 그러므로 앞문으로 몇 명의 사원이 입사하는지보다 뒷문으로 몇 명이 퇴사하는지를 보는 것이 더욱 중요하다.

　한 번도 일을 해본 적이 없는 사람이라면 아무리 회사의 사정을 이야기해도 실감을 하지 못할 것이다. 이런 경우에는 스스로를 훈련시킬 수 있는 회사를 선택하는 것이 좋다. 회사에서 사원을 잘 훈련시키는지 역시 입사 후 5년 정도 된 사원을 보면 알 수 있다. 만약 잘 훈련되어 제대로 성장하고 있다면 사원의 얼굴에 화색이 돌 것이다. 아무리 업무가 바빠도 얼굴에는 충만감이 엿보인다. 이런 기업이라면 이직률도 낮고 퇴사한 사원도 여러 곳에서 활약하고 있을 것이다. 요즘 시대에 안정적인 회사란 존재하지 않는다. 그러나 사원을 훈련시키면서 회사의 미래를 사원에게 신탁하는 회사는 분명히 존재한다. 이런 회사를 선택한다면 크게 후회하지 않을 것이다.

36

일단 대기업부터 지원하는 게 맞나?

취업을 해야 하는데 어떤 회사가 좋을지 전혀 모르겠습니다. 아무 회사라도 나를 받아주는 곳이라면 가야 하는 상황을 생각하니 좀 답답해지기도 합니다. 현실적으로 대기업부터 지원하고 그중 취업이 되는 곳이라면 어디라도 가는 게 맞는 걸까요?

잘하는 일을 찾아내는 방법

　　회사에 취업해서 돈을 많이 버는 것이 꿈이라는 사람도 있다. 그러나 우리가 꿈을 꾸어야 하는 대상은 돈이 아니라 좋은 일이어야 한다. 우리는 좋은 일을 해야 한다. 좋은 일이란 그 일을 하면 내가 좋고, 가족이 좋으며, 결과적으로 세상이 좋아지는 일을 말한다. 그러므로 가장 먼저 해야 할 작업은 내가 좋아하는 것이 무엇인지 알아내는 것이다. 그런데 생각해보면 내가 무엇을 좋아하는지 무엇을 잘하는지 아는 것이 그리 쉽지 않다. 학생들은 수학을 좋아한다거나 역사를 잘한다는 식으로 말한다. 그러나 이는 다른 학생들과 비교했을 때 특정 과목에서 상대적으로 높은 점수를 받았다는 의미에 불과하다. 그러므로 "나는 요점정리를 잘한다, 공간 추리력이 좋다, 정리정돈을 잘한다"는 식으로 잘하는 것의 본질을 생각해야 한다.

여행을 좋아하는 사람들이 많이 있다. 여행가기 전에 미리 루트를 선택하고 호텔을 예약하고 기차나 비행기 시간을 확인한다. 여행을 가서는 현지의 특산물을 먹고 모르는 사람들과 대화하면서 전혀 새로운 것을 경험한다. 이런 과정이 그렇게 좋을 수가 없다고 한다.

그러나 여행 이야기를 듣다 보면 과연 이 사람이 정말 좋아하는 것이 무엇인지 헷갈리게 된다. 여행가기 전에 이것저것 알아보고 검색하고 물어보는 행위가 정말 재미있다면 이 사람은 지적 호기심이 왕성하고 미래에 대한 탐구심이 강한 사람이다. 만약 모르는 사람들과 대화하는 게 즐겁다면 이는 사람과의 접점을 통해서 교류하는 것이 즐거운 것이다. 그러니 이런 사람들은 꼭 여행을 가지 않더라도 어디서든 내가 좋아하는 것을 할 수 있다.

열 길 물속은 알아도 한 길 사람 속은 모른다고 한다. 사실은 내 마음을 나도 모른다. 화장실 갈 때와 나올 때 마음이 다르다고 하며 조변석개朝變夕改요 조삼모사朝三暮四라고 한다. 그러니 내가 정말 좋아하는 것이 무엇인지 내가 모른다는 것이 그리 흉은 아니다. 만약 내가 정말로 좋아하는 것이 무엇인지 알고 싶다면 초등학교 시절로 돌아가보는 것도 효과적인 방법이다. 그 당시의 나의 모습을 돌이켜보면 그 모습 어딘가에 내가 정말 좋아하는 것이 무엇인지, 내가 평생 동안 해도 질리지 않을 업이 무엇인지에 관한 힌트가 숨어 있다.

나는 초등학교 5학년이 시작하는 첫날 전학을 했는데 어린 마음에 상당히 긴장했다. 그런데 가서 보니 나만 긴장한 것이 아니라 전학생을 맞이하는 학생들도 긴장한 모습이었다. 내가 임시로 앉아 있던 자리 주변에 아무도 오지 않아서 나 혼자 섬처럼 외톨이로 있었으니까.

그러나 역시 아이들은 금세 친해진다. 나에게도 친하게 지내는 친구가 생겼다. 우리는 밖으로 나돌기보다 실내에서 노는 걸 더 좋아했다. 초등학생들은 실내에서 놀면 무얼 하며 놀까? 요즘은 게임기도 있고 스마트폰도 있으니 그걸 가지고 노는 아이들이 많다. 그러나 내가 초등학생이던 시절에는 딱지놀이가 가장 인기 있었다. 아이들은 모두 문방구에서 딱지를 사서 놀았다.

나와 내 친구는 딱지를 직접 만들어서 놀았다. 우선 종이를 명함 크기로 작게 자르고 나면 친구가 먼저 종이에 만화를 그린다. 주로 독일군과 미군의 모습을 그리거나 전투기나 군함과 같은 무기를 많이 그렸던 것 같다. 역시 초등학교 남학생에게는 폭력을 미화하거나 동경하는 마음이 약간 있는 것 같다. 그런데 이 친구의 그림 솜씨가 보통이 아니었다. 내가 볼 때는 문방구에서 파는 딱지의 그림보다 훨씬 더 실감나고 느낌도 강렬했다. 어른이 그린 문방구의 딱지보다는 친구가 그린 딱지가 내 마음에 쏙 들었다. 그래서 친구를 부추겨서 더 많은 딱지에 그림을 그리게 했다.

딱지에 그림을 그리고 나면 여백이 생긴다. 나는 이 여백에 글을 써넣거나 별을 그려넣었다. 딱지 따먹기를 하려면 누가 이기고 누가 지는지 기준이 있어야 하니까 어느 그림에 별을 몇 개 넣을 건지가 우리에게는 매우 심각한 문제였다. 그러므로 별의 개수를 정하는 것도 나름대로 기준이 있어야 한다. 별의 개수를 정하기 위해서 논쟁하던 기억도 난다. 이렇게 딱지를 만들어서 놀다가 재미가 없어지면 또 다시 그림을 그리고 글을 써넣어서 새로운 딱지를 만들었다. 우리가 상상했던 많은 내용을 딱지의 형태로 만들었다. 다른 아이들에게 딱지는 돈을 주고 사서 노는 것이었지만 우리에게 딱지는 직접 만들어서 노는 것이었다. 이렇게 놀고 있으면 어른들도 좋아했다. 아이들이 조용하게 노는 모습이 흐뭇했던 모양이다.

그런데 여기에는 숨겨진 이야기가 있다. 바로 담임선생

님의 존재다. 내 친구는 초등학교 때 항상 노트에다 그림을 그렸다. 그런데 선생님이 이를 적극적으로 장려하셨다. "너는 그 길로 나가야 하니까 열심히 그림을 그려라"라고 하시면서. 이 선생님은 다른 학생들이 노트에 그림을 그리면 왜 비싼 노트에 낙서를 하느냐고 야단을 치셨다. 그래서 학생들은 선생님이 이 친구를 편애한다고 생각했다.

내게는 외부의 글짓기 대회에 참가하도록 장려하셨다. 대회를 앞두고는 선생님이 제목을 주시면 나는 짧은 글을 짓는 연습도 했다. 아마 내가 논리를 어떻게 전개하는지 보려고 하신 것 같다.

그 후 40년이 지났다. 나는 지금까지 한국과 일본에서 여러 권의 책을 저술했으며 신문에 칼럼도 쓰고 있다. 여러 종류의 직업을 가졌지만 공통적으로 글 쓰는 일이 많으니 그럭저럭 어릴 때 좋아하던 일을 실현하고 있는 꼴이 되었다. 그 친구는 어떻게 되었을까? 지금은 저명한 동양화가가 되어 맹활약을 하고 있다. 좋은 그림을 많이 그려서 이 세상의 문화발전에 큰 공헌을 하고 있다. 그림값이 비싸서 나는 살 수도 없는 수준이다. 이럴 줄 알았으면 초등학교 때 그렸던 딱지라도 몇 장 가지고 있을 걸 그랬다.

초등학교 때 나와 내 친구는 스스로가 좋아하는 게 무엇인지 몰랐지만 선생님은 아이들의 업을 알아보셨다. 그리고 업을 실현하기 위한 능력을 키우기 위해서 그리기와 글짓기를 시키셨다.

초등학교 시절로 되돌아가 그 시절을 회상하면서 내가 좋아했던 것을 찾고 또 내가 잘하는 것의 본질을 찾았다면, 그 후에는 그 본질에 어울리는 일이 무엇인지 생각해보자. 만약 구체적인 일을 생각했다면 그다음에 해야 할 것은 내가 하려는 일로 인해서 누가 행복해지는지 생각하는 것이다. 나는 내가 잘하는 일을 하니까 행복하다. 내가 수입을 만들고 부양하면 가족도 행복하다. 내 주변 사람들은 내가 행복해하니까 덩달아 행복해한다. 그다음 문제는 이 세상 사람들이 행복한가에 관한 여부다. 만약 이 세상 사람들도 행복해지는 일이라면 이런 일에 일생을 걸어도 좋겠다. 마피아가 질타를 받는 이유는 본인과 가족은 행복할 수 있지만 그들이 하는 일로 인해서 이 세상은 행복하지 않기 때문이다. 그러므로 취업을 하려면 내가 좋아하는 일, 그래서 세상까지 행복해지는 일을 할 수 있는 회사를 찾아야 한다.

그런데 아무리 좋은 일을 찾았다고 해도 이를 실천하려면 대가가 필요하다. 하나를 얻으려면 나머지를 버려야 한다는 뜻이다. 무엇을 얻고 무엇을 버릴지는 개인과 상황마다 다르겠지만 버리지 못하면 얻지도 못한다. 좋은 일을 하려면 나머지를 버리는 용기가 필요하다. 버리는 것에는 내가 선택한 전공 이외의 다른 전공을 포기하거나, 이 회사에 입사하기 위해 다른 회사 입사를 포기하거나, 새로운 일을 하기 위해서 지금 다니는 회사를 퇴사하거나 하는 등 다양한 형태가 있다.

버리는 것은 매우 두려운 일이다. 그래서 버리기 위해서는 상당한 용기가 필요하다. 용기는 실패에 대한 두려움을 이겨내는 능력이다. 용기 있는 자가 미인을 얻는다고 하는데 이는 용기 있는 자만이 좋은 일을 얻을 수 있다고 바꾸어 말할 수 있다. 슈바이처 박사는 인류를 위한 봉사자가 되기 위해서 아프리카에서 의료 활동을 했다. 그 결과 노벨평화상을 받기도 했지만 사람들이 감탄하고 존경하는 것은 노벨상 때문이 아니었다. 유럽에서의 안정된 생활을 버리고 아프리카 오지로 떠나는 용기와 직접 실천했던 그 행동이 대단해서였다.

37

하고 싶은 일과
잘하는 일 중에서
무엇을 할까?

요즘 진로에 대한 고민이 많습니다. 이걸 하자니 이게 부족하고 저걸 하자니 또 다른 점이 걸리는 것이 뭔가를 하려고 해도 마음이 편치 않고 자신감이 없습니다. 게다가 저는 걱정이 많은 편이라 잘 해낼 수 있을지에 대해서도 고민이 됩니다. 제가 하고 싶은 것을 해야 할지 혹은 좋아하지는 않지만 잘할 수 있는 일을 해야 할지 모르겠습니다.

내가 좋아하는 일을

해야 한다

한창 취업하던 시기에 또래들의 부러움을 한 몸에 받았던 친구가 있었다. 이 친구는 대학생활 동안 사진 찍기에 올인했다. 내가 대학을 다니던 때가 1980년대 초반이니 그 당시에는 카메라가 그리 흔한 물건이 아니었다. 우리나라에서는 카메라를 만들지 못했기에 대부분 일본이나 독일에서 수입한 카메라를 사용했다. 그러니 카메라는 고가의 제품이고 대학생 중에서 자신만의 카메라를 가진 친구도 흔치 않던 시대다.

그런데 이 친구는 자신의 용돈과 아르바이트에서 번 돈을 모두 털어 카메라를 샀다. 당시에는 필름을 인화해야 했기 때문에 시간과 비용이 많이 들었다. 대학생이 엄두를 내지 못할 고급 취미였다. 이 친구는 학교 수업보다 사진 동호회에 더 열심히 출석하고 많은 시간을 쏟아부었다. 그러니 사진 찍는 실력은 나날이 늘어갔다. 그래서 우리는 이 친구에게 사진을 찍어달라고 부탁하는 경우가 많았다. 나 같은 아마추어가 보면 이 친구는 거의 프로 사진사였다.

이 친구가 기업에 취업해서 업무를 시작한 곳은 삼성그룹 계열사의 카메라 개발부서였다. 이게 우연인지 필연인지는 모르겠다. 아무튼 카메라와 사진 찍기에 대학생활을 거의 다 걸었던 친구가 같은 분야에 취업해서 더 깊은 지식을 연마하게 되었다는 것에 다들 부러워했다.

좋아하는 일을 하니 역시 일도 잘하고 큰 성과도 만들었다. 특히 이 친구는 메이드 인 코리아의 카메라를 개발하는 데 많은 공헌을 했다. 내가 기억하기로는 한 손에 쏙 들어가는 조그만 카메라를 한국에서 처음 개발한 것도 이 친구가 일한 부서였다. 자신이 좋아하는 일을 하니 가족도 좋아하고 그 결과 이 세상도 좋아지게 된 것이다. 이 친구는 기업에서 상도 많이 받았는데 세상에 공헌한 것과 비교하면 상은 그저 기념품에 불과할 뿐이다.

다들 이 친구를 부러워했다는 것은 대부분이 진로 선택에서 특별한 기준을 정하고 실행하기보다 그저 바람 부는 대로 움직였다는 의미다. 진로를 막연하게 생각하다가 우연히 하나가 정해지면 그 길을 가는 사람이 많은 게 현실이다.

내가 잘하는 것을 판단하려면 우선 내가 그 일을 얼마나 즐겁게 할 수 있는지를 기준으로 해야 한다. 즐겁게 할 수 있는 것은 본능인데 이는 능력에 앞서는 것이다. 능력이 있으면 그 일을 하는 것이 어렵다거나 부담스럽다고 느끼지 않는다. 그러므로 즐기면서 동시에 일을 처리하기 위한 능력이 있다면 내가 잘하는 것이라고 판단해도 무리가 없다.

취업하기 전에 좋아하는 일과 잘하는 일 사이에서 고민하는 사람이 많다. 이 고민은 양자택일처럼 보이지만 사실은 네 가지 상황을 놓고 무엇을 선택할지를 고민하는 것이다. 이를 '좋아한다'와 '싫어한다', '잘한다'와 '못한다'로 구성된 매트릭스로 표현하면 아래와 같다.

매트릭스를 보았을 때 많은 사람들이 자신과 업무의 관계를 (1) 혹은 (2)라고 생각하지만 사실은 (3) 혹은 (4)의 상태에 가까운 경우가 많다. 사람은 누구나 자신에 대한 평가는 과장하고 타인에 대한 평가는 과소평가한다. 만약 나 스

	잘한다	못한다
좋아한다	(1)	(3)
싫어한다	(2)	(4)

스로 잘한다고 생각하더라도 공인된 증명이 없거나 프로에게 잘한다고 인정받지 못하면 나는 못하는 편이라고 평가해야 한다. 한 가지 일을 적어도 10년 이상 한 사람이라면 (1)이나 (2)의 상태겠지만 대부분은 본인이 생각하는 것보다 실력이 없다.

　대학 수업이라고 생각해보자. 일주일에 세 시간 수업을 16회 하면 한 과목을 수강하게 된다. 중간고사와 기말고사를 빼면 수업은 14회다. 이 정도 시간을 들여서 수강한 과목에 대해서 내용을 잘 안다고 한다면 스스로를 너무 높이 평가하는 것이다. 한 과목에서 배우는 어떤 주제라도 이에 관해 연구하는 박사가 전 세계에 수백 명은 있을 것이다.

　위의 매트릭스를 이용하려고 하면 또 다른 어려움이 있다. 어떤 일을 제대로 해보지도 않았는데 그 일을 좋아하는지 싫어하는지 어떻게 딱 부러지게 알 수 있을까? 그러니 그 일에 대해서 충분히 알지 못하는 상태에서 '좋다'와 '싫다'로 구분하는 것은 불합리하다. 실제로는 '모르겠다'가 가장 많을 것이다. 그러므로 위의 매트릭스에는 '모르겠다'가 추가되어야 한다.

　이렇게 매트릭스를 만들어놓고 생각하면 일을 처음 시작할 때의 상태로는 (5)가 가장 많을 것이다. 이는 그 일을

	잘한다	못한다
좋아한다	(1)	(4)
모르겠다	(2)	(5)
싫어한다	(3)	(6)

좋아하는지 싫어하는지도 모르겠지만 사실 실력도 없는 상태를 의미한다.

그런데 이런 상태로 일을 시작하는 사람이 얼마나 많을까? 일반적으로 사용하는 8:2 법칙을 적용해서 생각해보면 도움이 된다. 8:2 법칙이란 예를 들어 20%의 고객이 매출의 80%를 차지한다거나 사이트 사용자의 20%가 전체 댓글의 80%를 다는 것과 같은 법칙이다. 사회에는 의외로 이 법칙이 잘 들어맞는 경우가 많이 있다. 그래서 위의 매트릭스를 8:2의 법칙으로 구분해보았다. 물론 어디까지나 가설이며 경험칙이니 수치는 참고로만 보길 추천한다.

우선 일을 '좋아한다'와 '싫어한다'로 분명하게 구분하는 사람을 합해서 20%로 하고 '모르겠다'는 사람을 80%로 했다. '잘한다'는 사람은 20%로 하고 '못한다'는 사람은 80%로 했다. 이렇게 구분해서 수치를 넣어 보았더니 아래 매트릭스와 같이 되었다. 만약 100명이 있다면 어떤 일을 시작할 때에 내가 그 일을 좋아하는지 싫어하는지도 모르겠고

	잘한다 (20%)	못한다 (80%)
좋아한다 (10%)	(1) = 2	(4) = 8
모르겠다 (80%)	(2) = 16	(5) = 64
싫어한다 (10%)	(3) = 2	(6) = 8

그러면서 실력도 없어서 일을 제대로 못하는 사람이 64명이라는 것이다. 어떤 일을 확실하게 좋아하면서 동시에 그 일을 잘한다는 것이 증명되어 있는 사람은 두 명에 불과하다.

위의 매트릭스는 일을 처음 시작할 때의 상태를 나타낸 것이다. 이 매트릭스를 이용할 때에 중요한 것은 시간에 따른 상태의 변화다. 만약 어떤 회사에 입사한 사람이 (5)의 상태에서 일을 시작했다면 이는 아주 일반적이기 때문에 전혀 문제가 되지 않는다. 회사의 인사명령에 의해서 부서에 배치되고 보니 좋아하는지 싫어하는지도 모르겠지만 제대로 일을 할 만한 실력도 없는 것이 신입사원이다.

그러나 시간이 경과하면 상태가 변한다. 일을 시작하고 몇 년이 지난 후의 상태가 어떻게 변했는지가 중요하다. 위의 매트릭스에서 (5)에서 출발하여 변화할 수 있는 방향은 모두 여섯 가지다. 이 방향을 보면 이제부터 어떻게 해야 할지 생각하기가 수월하다.

- (5)에서 (1)로 변화: 아주 좋은 변화다. 이대로 계속 정진하면 된다. 지금 하고 있는 일은 내 체질에 맞는 것 같다. 당분간 이 일에 집중하는 것이 좋다.

- (5)에서 (2)로 변화: 나의 정체성을 잃고 어느 길로 가야 할지 방황하고 있다. 시간이 흘러가면서 경력은 쌓이고 있지만 멋있는 커리어를 만들어가고 있다고 말하기는 어렵다. 회사 내 다른 업무로 전환하는 것을 고려해보자.

- (5)에서 (3)으로 변화: 실력은 많이 늘었지만 일에 대한 애정이 없다. 일의 본질은 같지만 다른 업종으로 이직하는 것을 모색하는 것이 좋겠다. 예를 들어 제조기업에서 회계업무를 한다면 서비스기업으로 이직해서 회계업무를 하는 것도 생각해볼 만하다.

- (5)에서 (4)로 변화: 일에 대한 흥미는 생겼지만 여전히 실력이 없다. 우선 공부에 매진해야 한다. 대학원에 입학하는 것도 한 방법이다.

- (5)에서 (6)으로 변화: 지금 하는 일을 과감히 포기하고 다른 길을 찾는 것을 추천한다.

- (5)에서 그대로 정체: 전혀 상태의 변화가 없다. 자신의 인생을 가장 아깝게 사용하고 있는 경우다. 하루라도 빨리 다른 길을 찾는 게 좋겠다.

38

연봉을 좇는 게
잘못인가?

지금까지는 직장을 선택함에 있어서 연봉을 많이 생각했습니다. 흥미가 있는 일을 위주로 직장을 삼아야겠지만 연봉이라는 현실적인 장벽이 존재하기 때문에 이를 과감하게 실행에 옮기기가 어렵습니다. 만약 먹고살기 위한 연봉과 내가 좋아하는 일에 대한 자부심이 서로 부딪칠 경우에 나의 가치관을 흔들림 없이 지키기 위해서는 어떻게 해야 할까요?

연봉은

자존심이다

　　스티브 잡스의 연봉은 1달러였다. 그러나 좋아하는 일을 해서 세상을 바꾸었다. 물론 스티브 잡스가 1년에 단 1달러만 번 것은 아니다. 성과급이나 스톡옵션 등등 그가 실제로 벌어들인 연봉은 수백억 원이다. 연봉 1달러를 강조한 것은 글로벌 기업 경영자 중에 연봉이 1달러인 경우가 많기 때문이다. 일본항공 JAL의 경영실적을 회복시킨 이나모리 가즈오는 무료로 사장직을 수행했다. 훌륭한 경영자들은 연봉보다 일의 본질을 중요시하는 것 같다. 우리도 나중에 훌륭해지면 연봉은 더 이상 고민거리가 되지 않을 것이다.

　　먹고살기 위해서 하는 일을 '라이스 워크(rice work)'라고 하고 자신이 좋아서 하는 일을 '라이프 워크(life work)'라고 구분하기도 한다. 만약 이 두 가지가 서로 상충된다면 나의 가치관이 어느 편을 들어주어야 할지 고민이 된다. 밥도 먹어야 하고 자부심도 지켜야 하니까.

인생을 살다 보면 가치관이 바뀌어가는 것을 경험하게 된다. 과거에 중요하게 생각했던 가치관과 현재 중요하게 생각하는 가치관이 바뀌어 있는 경우가 많다. 그렇다면 미래의 가치관 역시 바뀔 가능성이 크다. 그런데 가치관 중에서도 역시 돈을 중심으로 하는 가치관과 자존심을 중심으로 하는 가치관이 서로 충돌할 가능성이 가장 큰 것 같다.

40세를 기준으로 인생의 오전에는 좋은 직장에서 높은 연봉을 받는 것이 스스로의 자존심이다. 그런데 이 자존심은 다른 사람과의 비교에서 오는 자존심이라고 할 수 있다. 인생의 오후가 되면 자신의 개성을 중시하고 자아를 실현하는 것에 가치를 느끼게 된다. 스스로와의 비교에서 자존심을 느끼는 것이다. 그러다 보니 인생의 저녁 무렵에 가면 이 세상에 이해하지 못할 일이 없다고 한다.

흔들림 없이 유지하고 싶은 가치가 있다면 여기에는 반드시 이유가 있을 것이다. 눈길을 가치관에서 그 이유로 돌려보는 것도 좋다. 이유를 명확하게 알 수 있다면 현재 중요하다고 생각하는 가치에 대한 평가가 달라질 수도 있기 때문이다. 그래도 내 인생에서 절대적으로 지키고 싶은 가치가 있다면 이와 상충하는 다른 가치를 버려야 한다. 버릴 용기가 없다면 지킬 능력도 없다.

많은 사람들이 직장을 선택할 때 기업의 문화나 업무의 특성 등 여러 가지를 고려하지만 결국 연봉이 높으면 다른 것들이 나와 조금 맞지 않아도 선택하고 싶은 유혹을 느낀다. 이런 유혹을 뿌리치고 업무의 본질적인 특성을 보는 것이 맞는지 고민하는 사람도 많다. 하지만 연봉은 생활의 질을 결정짓는 큰 요소이므로 이를 무시하기는 어렵다.

사람들이 월급이 적은 공무원으로 몰리는 이유는 연금을 포함하여 일생 동안 받을 수 있는 총수입을 염두에 두기 때문이다. 단순히 국가와 민족에게 봉사하기 위해서 공무원이 되려고 하는 사람이 얼마나 있을까? 이처럼 기업의 문화나 업무의 특성이 나와 맞지 않아도 연봉만 높으면 문제가 크지 않게 보인다.

취업이라는 문제에서 연봉은 가장 큰 유혹이자 매우 중요한 판단기준이다. 연봉이 중요하지 않다고 주장하는 사람도 있지만 사실 연봉은 중요하다. 프로선수를 보라. 실력이 있고 인기가 있으면 연봉이 높다. 프로에게 연봉은 단순히 수입만을 의미하는 것이 아니다. 연봉은 자존심이다. 그래

서 프로야구 선수들이 구단과 계약할 때 외부에 알리는 연봉은 실제 연봉보다 부풀려진 경우도 있다. 역대 최고 금액이라는 수식은 곧 내가 역대 최고의 프로라는 증명이 되기 때문이다.

    취업할 때에 연봉을 가장 중요하게 생각하는 것은 그 자체가 문제가 되지는 않는다. 다만 연봉을 중요하게 생각하는 이유는 수입보다 자존심이어야 한다. 만약 기업에서 연봉이 아닌 다른 형태로 나의 자존심을 존중해준다면 이 때문에 연봉 금액을 양보할 수도 있다. 예를 들어 사운을 걸고 추진하는 중요한 일을 맡기거나 나의 적성을 최대한 고려한 일을 맡기는 경우다. 기업에서는 일인용 사무실을 제공하거나 기사가 딸린 전용차를 제공하기도 한다. 이 모두 사원의 자존심을 세워주기 위한 수단이다. 자존심을 살려서 일을 하면 나 스스로 행복해진다. 나를 행복하게 하는 것보다 더 좋은 직장은 없다. 여기에다 연봉까지 만족한다면 금상첨화다. 월급쟁이가 연봉에 만족하는 경우는 정말 드물기 때문이다.

    요즘 일본 컨설팅 업계에서 가장 실적이 좋은 기업이 시그막스시스다. 이 기업의 사장은 쿠라시게인데 이분과는 가끔씩 만나서 살아가는 이야기를 나누는 사이다. 어느 날 나는 이런 질문을 했다. "이 회사는 어떻게 해서 좋은 실적을 만들어가고 있습니까? 사원들에게 연봉을 많이 주기 때문에 동기부여가 되어서 그렇습니까?"

쿠라시게는 이렇게 답했다. "우리 회사의 연봉은 업계 평균수준입니다. 그러나 다른 기업과의 차별점은 업무에 관해 최대한 자존심을 보장하는 것입니다. 그러면 업무의 성과가 좋아지고 그로 인해 고객들도 만족하니 회사의 실적도 따라서 좋아집니다." 사원들이 자신이 좋아하는 일을 하고 자존심을 세우면 회사의 실적은 저절로 좋아진다는 논리다. 이렇게 간단한 논리를 실현하는 것만으로도 사업 실적은 다른 기업을 압도할 수 있다.

쿠라시게 사장을 내 수업에 초청강사로 모신 적이 있다. 당시 학생들에게 강조한 내용은 "절대적으로 내가 좋아하는 일을 하라"는 것이었다. 자신이 일본 IBM의 부사장을 퇴사하고 세계 최대 회계법인인 프라이스워터하우스 재팬의 사장을 역임한 후에 시그막스시스의 사장으로 취임한 커리어도 이야기해주었다. 직장은 여러 번 바뀌었지만 본인은 기업경영이라는 일이 너무 재미있어서 70세가 넘은 지금도 계속 현역으로 활동하고 있다고 했다. 청중들은 그의 이야기에 크게 공감했다.

이 초청강의는 또 다른 활동으로 연결되었다. 처음 대

학강의에 모셨을 때 쿠라시게 사장은 본인과 수행비서의 출장비를 모두 자비로 부담했고 대학에서는 강사료만 조금 드리는 정도였다. 사실은 카이스트가 대학인 줄도 모르고 내가 부탁하니까 오셨던 거다. 나중에 카이스트가 대학인 걸 아시고는 2회에 걸쳐 모든 비용을 시그막스시스가 부담하고 학생 스무 명을 일본으로 초청해서 컨설팅 업계까지 소개해주셨다. 국가를 불문하고 컨설팅 업계에 우수한 인재가 많이 들어와야 업계가 발전할 수 있다는 철학을 실천하고 있는 것이다. 사실 글로벌 컨설팅 기업에서 사원은 국적 불문이다.

누구든지 평생 동안 다니는 직장은 몇 번이고 변하게 된다. 그러므로 연봉보다 중요한 것은 첫 직장이다. 만약 첫 직장이 자동차 제조기업이라면 그다음 직장에서도 자동차에 관한 업무를 할 가능성이 높다. 돌연히 병원으로 이직하거나 은행으로 이직할 가능성은 그리 높지 않다. 만약 어느 기업에서 회계업무를 수행한 사람이라면 이 기업을 퇴사하더라도 회계업무를 수행할 수 있는 곳으로 이직하기 쉽다. 영업을 하던 사람이라면 다른 제품의 영업도 비교적 쉽게 시작할 수 있을 것이다.

첫 직장은 이후의 직장 선택에서 일종의 기준과 같은 역할을 하게 된다. 직장은 변해도 업종은 잘 변하지 않는다. 그러므로 장기적인 안목으로 보았을 때 첫 직장의 연봉은 현실적으로 가장 중요한 요인은 아니다. 직장보다 업종을 중요하게 생각해야 한다.

그래서 일본의 철강업계는 신입사원 채용 박람회나 기업 설명회를 할 때 업계에 있는 기업들이 함께 공동으로 행사를 진행한다. 일단 우수한 학생을 업계 내로 끌어들이는 것이 중요하니까 이 방식을 택하는 것이다. 인재가 자사로 입사하면 좋겠지만 만약 인재가 경쟁기업으로 가더라도 좋다고 생각한다. 다른 업계로 가는 것보다는 낫다고 생각하는 것이다. 인재가 와서 업계를 발전시키면 결국 같은 업계에 있는 회사들도 도움을 받기 때문이다. 만약 그 인재가 경쟁기업을 퇴사하더라도 경력을 활용하려면 결국 그 업계 내에서 일자리를 찾게 된다. 이런 이유로 단일기업이 아니라 업계 차원에서 인재를 채용하려고 하는 것이다. 업무를 할 때 상대기업의 담당자가 우수한 인재라면 나도 덩달아 좋은 업무를 할 수 있는 것과 같은 이치다.

나도 경험이 있다. 두산에서 몇 년 동안 일을 하니까 나중에는 국내외 관련기업의 담당자들과 언제든지 전화로 업무처리가 가능하게 되었다. 그런데 그중에는 한 번도 만난 적이 없고 그저 풍문으로만 들어서 알고 있는 사람도 있었다. 혹은 처음으로 만난 사람이 이미 나를 알고 있는 경우도 있었다. 같은 업계 내에서 풍문으로 들은 것이다. 한 업계 내에서 오랫동안 근무한 사람이라면 누구나 이런 경험이 있을 것이다.

    대학원에서 박사과정을 할 때도 비슷한 경험을 했다. 유사한 주제를 연구하는 학생들은 나중에 학위를 받고 채용시장에 나오면 서로 경쟁하는 관계가 된다. 그러다가 각자 대학이나 연구소에 취업을 하고 나면 같은 학회에 모여서 협력하는 관계가 된다. 그러니까 박사과정 학생들은 일종의 예비 동업자의 관계다. 나도 박사과정에 있을 때에는 세계 톱 대학에서 나와 비슷한 주제를 연구하는 학생들을 거의 다 알고 있었다. 물론 대부분의 학생은 한 번도 만난 적이 없었고 그저 논문으로만 알고 있었다. 만약 박사과정에 인재가 많이 있다면 적어도 10년 이내에 그 분야에서 많은 발전이 있을 거라고 확신할 수 있다.

    어떤 업계가 발전하려면 대학에 관련학과가 있는지의 여부가 매우 중요하다. 관련학과를 졸업한 사람들이 그 업계로 들어와 커리어를 쌓아가는 것이 그 업계를 발전시키기 때문이다.

39

남들과
어떻게 차별화하나?

선배들을 만나보면 학력은 직장에서 크게 중요하지 않다고 들 말합니다. 그러면 대학생활 또는 졸업 이후 취직 전까지 어떤 것들을 준비하는 것이 첫 직장에 들어갔을 때에 제 자신을 남들과 차별화시킬 수 있는 장점이 될 수 있을까요?

과거의 나 자신과 차별화한다

이 직장은 내 인생의 목표인가? 과정인가? 여기에 대한 답은 내가 인생을 어떻게 설계하고 있는가에 달려 있다. 다른 사람과 차별화한다는 것이 내가 다른 사람과 다르다는 것을 의미한다면 여기에 근본적인 의문이 있다. 나는 왜 다른 사람과 달라야 하나? 다른지 같은지는 비교해보아야 안다. 그렇다면 근본적으로 왜 나를 다른 사람과 비교해야 할까?

성공하려면 다른 사람과 차별화하라거나 '온리 원(only one)'이 되어야 한다는 주장이 많다. 그러나 이런 주장에 휘둘리면 안 된다. 어차피 모든 사람은 다 다르기 때문이다. 중요한 것은 나와 다른 사람의 차별화가 아니라 나와 나의 차별화다. 어제의 나와 오늘의 내가 달라야 하며 내일의 나는 또다시 달라져야 한다는 의미다. 어릴 적에 벽에 대고 키를 재면 매일 재어도 키가 조금씩 커져 있었다. 성장도 마찬가지다. 어제보다 오늘이 조금 더 발전했고 오늘보다 내일이 조금 더 발전할 수는 있다.

차별화에는 플러스의 차별화와 마이너스의 차별화가 있다. 플러스의 차별화는 하나라도 더 플러스를 한 것이며 마이너스의 차별화는 하나라도 더 버린 것이다. 더해야 하는 것은 지식이나 경험이고 버려야 하는 것은 나쁜 버릇이나 편견과 같은 것이다. 매일매일 과거의 나 자신으로부터 차별화를 실현하기는 어려운 일이다. 이렇게까지 성실하고 열심히 살아가는 사람은 보기 드물다. 그렇지만 실천이 어렵더라도 항상 마음으로 의식을 하고 습관을 들여야 한다. 매일 1분이라도 운동을 하거나 매일 한 페이지라도 책을 읽는 것처럼 조그마한 습관과 지속적인 실천이 필요하다.

차별화의 한 요인으로 창의력을 거론하는 경우도 있다. 사회에서는 창의력을 강조하지만 창의력을 갖춘다는 것은 어려운 일이다. 창의적인 인재가 필요하다는 말을 들으면 부담을 느끼는 사람도 많다. 우리가 갖춰야 하는 진정한 창의력이라는 것은 무엇이고 어떻게 하면 그 창의력을 키울 수 있을까?

아르키메데스는 목욕을 하려고 욕조에 들어가다가 물이 넘치는 걸 보고 비중을 발견했다. 이 순간 너무 좋아서 외친 말이 유레카, 알았다는 의미다. 과연 아르키메데스는 창의력이 뛰어나서 한순간에 비중이라는 지식을 발견했을까? 창의력이 있으면 이 세상에 없는 것을 발명하거나 지금까지 아무도 모르던 것을 발견하기도 한다. 그러나 창의력은 근본적으로 내 머리로 궁리하고, 내 손으로 실행하며, 내 발로 움직이는 성실성을 바탕으로 한다. 창의력이 있다고 평가받는 사람이라면 이는 근본적으로 성실하다는 평가와 동의어다. 기본이 되는 지식이 있어야 하며 경험도 필요하기 때문이다. 이런 과정은 시간을 필요로 한다. 그러므로 창의력을 기르기 위해서는 시간을 들여서 성실하게 지식과 경험을 쌓는 것이 필요하다. 창의력은 절대 우연히 생기지 않는다. 성실하게 움직이면 눈에 보이지는 않지만 매일 조금씩 새로운 것이 탄생한다. 그러다가 어느 날 새로운 것이 내 눈에 보이게 된다. 창의력의 출발은 문제를 의식하는 것이며 창의력의 실현은 지식 사이에 존재하는 관련성을 이해하는 것이다. 창의력은 지식과 지식 사이를 관련짓는 능력이다.

40

일과 육아,
둘 다 성공할 수는
없을까?

여자가 기업에서 일하는 것에 대해서 회의적으로 이야기하는 분들이 많습니다. 물론 사람마다 적성이 다르고 일하는 스타일이 다르기 때문에 기업에 대한 평가가 다를 수는 있습니다. 그런데 거의 모든 분들이 기업에 취업하면 너무나 많은 업무를 소화해야 하고, 몸이 힘들고, 경쟁이 치열하다고 말씀하십니다. 그렇지만 다른 곳에 비해 많은 돈을 받을 수 있는 등 장점이 있을 것 같습니다. 여자가 기업에서 일하려면 어떻게 해야 하는지요?

여자니까 필요한 플랜들이 있다

　　대기업이든 중소기업이든 우리나라에서 여자가 일하는 것은 참 어려운 문제다. 취업하기도 어렵지만 막상 취업하더라도 결혼하거나 아이가 생기면 암암리에 퇴직을 강요하는 기업도 많다. 그래서 여자가 취업을 하면 시간이 흐를수록 어려운 일이 점점 더 많이 생긴다.
　　가장 해결하기 어려운 문제는 역시 출산과 육아다. 일을 제대로 한다는 것은 내가 가진 능력을 마음껏 발휘하고 승진과 업무기회에서 불이익을 당하지 않으며 성과에 대한 대가를 충분하게 보상받는다는 의미다. 기업에 휴직제도가 없어서가 아니다. 현실적으로 장기간 휴직하기도 어렵지만 만약 출산과 육아를 위해서 휴직한다면 여성의 커리어는 단절되기 쉽다.

이는 남자들에게는 참으로 대답하기 곤란한 문제다. 우선, 이 일에 대한 남자들의 의식이 희박하다. 그래서 논의의 초기에는 열성적으로 참여하다가 어느 틈엔가 저만치 떨어져 있다. 그리고 여자 스스로 해결해주기를 바란다. 이 문제에 대해서 명쾌한 답을 가진 좋은 케이스를 찾기 위해서 국내외 자료를 많이 조사했다. 그러나 무릎을 탁 치거나 눈에서 콩깍지가 벗겨질 만큼 명쾌한 답을 얻기는 어려웠다. 여러 나라에서 공통적으로 발견할 수 있는 것이 아래의 내용이었다. 여성이 사회에 진출하고 일을 하려면 남성과는 달리 출산과 육아에 대한 플랜A와 플랜B를 반드시 준비하라는 것이다.

첫째, 여성인력의 활용에 적극적인 기업을 찾는다. 최근에는 기업에서도 여성인력의 활용에 적극적으로 대응하기 시작했다. 물론 모든 기업이 다 그렇다는 이야기는 아니다. 흔히들 여성들에게 유리 천장이 있다고 말한다. 여성이 승진하는 것은 유리 천장까지라는 의미다. 유리라서 잘 보이지는 않지만 기업에는 여성에게만 적용되는 천장이 분명히 있다. 그러므로 어떤 기업이 어떤 조건을 제공하는지 꼼꼼히 확인해야 한다. 간부나 임원 중에 여성이 몇 명이나 있는

지도 봐야 한다. 여성인력을 활용한다고 하면서 잡무만 시키는 기업도 많기 때문이다. 마음에 드는 기업을 몇 군데 발견했다면 이들 기업이 실행하고 있는 제도를 바탕으로 나는 언제 출산하고 어떻게 육아할 것인지 계획한다. 가급적 출산과 육아를 인생의 이른 시기에 마치고 최대한 빨리 사회에 복귀하는 것이 좋다는 사람도 있고 그저 자연스럽게 진행하라고 하는 사람도 있다. 다른 여성들의 경험을 참고할 필요가 있다.

둘째, 남자가 육아를 한다. 미국이나 유럽에서는 흔히 있는 일이지만 우리나라에서는 아직 드물다. 그러나 앞으로는 우리나라에서도 남자가 육아를 전담하는 경우가 늘어날 것이다. 여성이 전문직이며 만약 장기간 휴직할 경우 경력에 심각한 문제가 발생한다면 남자가 육아하는 것을 현실적으로 고려해야 한다. 이런 문제 때문에 전문직 여성이 결혼할 남성의 조건을 적극적으로 제한하기도 한다. 매일 정해진 시간에 출퇴근해야 하는 남자는 처음부터 사귀지도 않고 회피하는 것이다. 이런 여성들은 비교적 시간에 구애받지 않고 자유롭게 일할 수 있는 전문 직업을 가진 남자를 배우자로 선호한다.

셋째, 기업에 취업하는 것을 고민하기 전에 업을 먼저 염두에 둔다. 취업하기가 어려운 시대다 보니 일을 한다는 것을 기업에 취업했다는 것과 같은 의미로 사용하곤 하는데 이는 틀린 말이다. 내가 잘하는 것이 무엇인지 그 본질을 찾자. 그리고 여기에 가장 잘 어울리는 업을 찾아야 한다. 업을 실행하는 형태로는 창업이나 프리랜서 등의 전문직을 지향할 수도 있다. 기업에 취업하는 것만이 일을 하는 것은 아니라는 것을 재인식하면서 본인에게는 어떤 형태가 실현 가능한지 생각해야 한다. 특히 창업에 대해서 구체적으로 생각해볼 필요가 있다. 예를 들어 지식 비즈니스도 있다. 지금은 지식이 바로 돈이 되는 시대다. 굼벵이도 기는 재주가 있다고 한다. 돈을 주고서라도 이 재주를 사고 싶은 사람이 어디엔가 있다. 그런데 개똥도 약에 쓰려면 없다고 한다. 필요한 때에 필요한 지식을 얻기가 그만큼 어렵다는 뜻이다. 만약 어떤 지식을 필요로 하는 타이밍에 맞추어서 사용하기 편리한 형태로 적절한 가격에 제공할 수 있다면 지식 비즈니스를 시작할 수 있다. 지식은 반드시 내가 가진 지식만을 의미하지는 않는다. 지식을 가진 사람과 그 지식을 필요로 하는 사람을 중개하는 것도 지식 비즈니스다.

여성은 남성과 달리 어쩔 수 없이 경력의 단절을 방지하기 위해 별도의 플랜을 세워야 한다. 위에서 생각한 가능성 이외에도 나의 상황에 맞는 여러 가지 가능성을 모두 포함해야 한다. 플랜A와 플랜B는 최상의 경우와 최악의 경우를 예상하고 준비한다. 만약 기업을 다니다가 퇴사하고 출산과 육아에 10년을 보낸다면 그동안과 그 후에는 무엇을 할 것인지 미리 생각한다. 육아기간 동안 휴직을 하는 경우에는 조금씩이라도 능력을 길러야 한다. 사회생활을 하다가 출산과 육아로 인해서 사회생활을 포기하고 가정에만 있는 여성 중에 우울증에 걸리는 사람이 많다. 출산과 육아로 인한 휴직이 경력의 단절이 아니라 결국에는 장래의 경력을 위한 길로 이어질 수 있도록 미리 플랜을 준비해야 한다.

… PART **5**

더 큰 세상을

펼칠

용기

만약 내가

창업을 하면

어떨까?

친구 중에 헝가리 사람이 있다. 오래전에 일본에서 알게 된 친구다. 나는 창업을 마음먹고 이 친구에게 도쿄대학을 그만두고 벤처를 만들겠다고 말했다. 그랬더니 친구는 이렇게 대답했다. "벤처를 시작하면 처음에는 돈이 없을 테니 내 통장을 가져가. 내 돈을 함께 쓰자." 나는 크게 감동했다. 평소에는 근검절약하는 게 몸에 배어 있는 친구인데 나보고 통장을 가져가라니. 물론 나는 친구의 통장을 빌리지 않았다. 그러나 이 일을 계기로 베스트 프랜드가 된 것만은 확실하다.

내가 도쿄에 벤처를 만들고 몇 해가 지난 후였다. 일본을 떠나서 헝가리 부다페스트로 이직해 대통령궁에서 일을 하고 있는 이 헝가리 친구에게서 연락이 왔다. 한번 놀러 오라고 해서 나는 가벼운 마음으로 부다페스트로 여행을 가게 되었다. 당시에는 도쿄에서 헝가리까지 비행기 직행편이 없었다. 그래서 프랑크푸르트나 로마에서 비행기를 갈아타야 했다. 시간이 많이 걸리고 몸은 피곤했지만 친구를 만나러 가니 참 즐거웠다. 부다페스트에서는 친구가 근무하는 대통령궁에서 커피도 마시고 친구 집에서 헝가리 가정 요리도 실컷 맛보았다.

나는 관광객이지만 친구는 일을 하고 있었기 때문에 내게는 낮 시간이 특히 한가했다. 그래서 부다페스트에서 가장 최근에 개장한 쇼핑몰을 가보았다. 대도시에 있는 쇼핑몰은 대부분 글로벌 브랜드를 취급하기 때문에 어느 도시를 가보아도 상품이 다 비슷하다. 여기도 그랬다. 그렇지만 크게 다른 점이 있었다. 전자제품의 종류가 유난히 적었다. 사실 PC나 TV를 비롯한 전자제품은 한국, 일본, 대만, 중국이 만드는 수량이 절대적이다. 그래서 우리의 입장에서는 흔하게 보는 제품이지만 부다페스트에서는 매우 드문 제품인 경우가 많았다. 넓게 보니 이는 헝가리만이 아니라 동유럽 전체에 다 해당되었다. 그래서 삼성과 LG에서도 폴란드를 비롯한 동유럽에 공장을 건설하기 시작한 시기였다.

이런 특징을 좀 더 자세히 파악하기 위해서 미츠이 물산 헝가리 지사를 방문했다. 아는 사람을 통해서 지사장을 소개받은 것이다. 지사장의 설명을 들으니 헝가리 경제에 어떤 어려움이 있는지 알게 되었다. 아직 헝가리 전체를 관통하는 고속도로가 완전히 개통되지 못해 물류에 어려움이 있었다. 일본 기업도 아직 백여 기업만 진출해 있다고 했다. 그런데 향후 동유럽의 경제 발전을 예상해보면 헝가리는 많은 기회가 있는 나라였다.

아이디어가 떠오른 나는 한시도 지체할 수가 없을 만큼 가슴이 뛰었다. 나는 그날 오후에 바로 친구를 찾아가서 대통령궁에서 회의를 했다. 헝가리에 회사를 만들고 전자제품

판매를 중심으로 하는 비즈니스 모델을 전개하자며 사업을 제안한 것이다. 친구도 내 의견에 동의를 했고 크게 좋아하여 우리는 당장 회사를 만들기로 했다. 일사천리였다. 친구의 친구인 변호사의 도움을 받아 하루 만에 법인을 설립하고 하루 만에 은행에서 법인 명의의 통장을 개설했다. 변호사는 이렇게 속전속결로 진행되는 게 매우 이례적인 것이라고 했다. 일본에서도 법인 명의의 통장을 개설하려면 며칠의 시간이 필요하니 맞는 말이었다. 어느 나라든지 폭력단의 자금이 흘러들어오는 걸 매우 경계한다. 테러가 빈번하게 일어나니 국제 간의 자금흐름은 매우 보수적으로 관리되는 편이다. 그래서 은행에서는 기업과 자금을 꼼꼼히 심사해야 한다. 나는 회사 설립 자금을 일본에서 송금했다. 확신을 가지고 추진하니 두려울 게 없었다.

　헝가리에 아파트를 계약해 임시 사무실도 차렸다. 이제부터 헝가리에 오면 이 아파트에서 거주할 요량이었다. 이 정도까지 일을 진행한 다음에 일단 도쿄으로 돌아왔다. 그런데 도쿄에서는 또 이곳대로 일이 많았다. 아무리 규모가 작은 벤처라도 사원이 있고 업무가 있으면 반드시 문제가 생기고 해결해야 할 일이 생긴다. 그러니 하루하루가 바쁘게 돌아간다. 도쿄에서 열심히 일하면 대신 헝가리 일을 놓치게 된다. 헝가리에 갔다 오면 그동안 도쿄의 일이 보류된다.

상황이 이렇다 보니 도쿄과 헝가리 두 곳의 경영을 함께 진행할 수가 없었다. 헝가리에서는 친구가 영업을 잘해서 여러 기업과 가능성 있는 상담을 진행하고 있는데 정작 나는 헝가리에 갈 여유가 없었다. 그러다 보니 상담이 연기되거나 취소되기 일쑤였다. 결국 나는 1년이 되는 시점에 헝가리의 회사를 청산했다. 의욕을 가지고 시작했으나 물리적으로 도저히 일을 진행할 수가 없었기 때문이다.

창업 자체는 정말 간단하다. 법에서 요구하는 최소한의 자본금과 서류만 준비하면 된다. 반드시 사무실이 필요한 것도 아니고 몇 명 이상의 사원이 필요한 것도 아니다. 나 혼자만 있어도 회사는 만들 수 있다. 그러나 경영은 어렵다. 경영은 경영학과 다르다. 경영은 미래를 선택하는 결단이고 경영학은 과거를 분석하는 프레임이다. 경영학에서는 마케팅도 배우고 전략도 배운다. 사람들은 기업의 경영사례를 분석하면서 이게 잘못되었다고 쉽게 단언한다. 그러나 경영은 다르다. 고객과의 소통은 경영학에서 배운 대로 되지 않는다. 만약 경영학자나 경제학자가 이론대로 경영을 한다면 그 기업은 최단 시간 내에 파산할 확률이 높다. 그들은 평론가지 플레이어가 아니다. 그렇다고 전혀 지식이 없는 사람이 경영에 성공하느냐 하면 그것도 아니다. 지식이 없으면 경영이 불가능하다. 경영자는 성공에 대한 집념이 강하고 미래에 대한 신념이 있으면서 현실에 대한 결단력과 행동력이 있어야 한다. 경영에는 시간과 자금도 필요하다. 경영대학원의 마지막 수업에서는 '경영의 마지막은 운'이라고 가르친다. 경영에는 운도 따라야 한다. 운을 만드는 것은 결국 절실한 마음이다.

41

마음대로 되지 않는
현실에
좌절감을 느끼면?

모든 사람이 자신이 원하는 대로 살 수 있으면 좋겠지만 사회는 그렇지 못한 곳 같습니다. 원하는 커리어도 좌절되어 인생이 꼬인 듯한 기분만 듭니다. 이럴 때에는 어떻게 극복해야 할까요?

지금 나에게 가장 유리한 게

무엇일까?

슬프거나 힘들 때, 우리가 평소에 어떤 용어를 자주 사용하는지 생각할 필요가 있다. 특히 '좌절'과 같이 부정적인 느낌을 주는 단어는 가급적 사용하지 않는 게 좋다. 표현을 너무 강하게 하면 자신도 모르는 사이에 감정의 늪에 더욱 깊이 빠져 허우적거리게 된다. 부정적인 상황이라도 긍정적인 단어를 사용하는 게 좋다. 예를 들어 "커리어가 좌절되었다"는 표현은 "커리어가 계획과는 다르게 전개되었다"고 바꾸어 말하는 것이 좋다. 모든 상황에 대해서 긍정적인 단어를 사용할 수 있으려면 평소에 억지로라도 웃는 연습을 하는 것이 좋다. 무척 간단한 방법이지만 내가 스스로 경험해 보고 큰 효과를 본 것이라서 자신 있게 소개할 수 있다.

유학을 할 때였다. 유학생에게 외부 장학금은 생활의 안정이라는 관점에서 매우 중요하다. 그래서 외부 장학금을 신청했는데 다행히 서류 심사를 통과하여 면접까지 가게 되었다. 그 당시에 나는 좀 옛날 사람 같은 생각을 하고 있었다. 남자는 항상 근엄한 얼굴을 하고 있어야 하고 말수가 적어야 하며 점잖아야 한다고 굳게 믿었다. 그래서 면접에서도 최대한 그렇게 했다. 결국 나는 장학금 수급자가 되지 못했다.

그 후에 또 다른 외부 장학금을 신청했고 또 서류 심사를 통과해 면접을 앞두게 되었다. 그런데 나를 잘 아는 분이 이렇게 충고해주셨다. "면접에서는 최대한 웃으면서 말해라."

그래서 나는 이번에는 최대한 밝게 웃으면서 면접에 임했다. 그리고 결과는 매우 좋았다. 로타리 요네야마 기념 장학회의 수급자가 되어 대학원을 졸업할 때까지 많은 도움을 받게 되었다. 장학금뿐만 아니라 정신적으로도 크게 배려해주셨다. 그분들에게 지금도 크게 감사하고 있다.

사실 이 면접 과정은 나에게 물리적인 고통을 주었다. 평소에 웃지 않던 사람이 면접을 잘 보려고 오랫동안 입을 억지로 벌리고 웃었더니 일주일 동안 입이 아파서 제대로 음식을 씹지도 못할 지경이었다. 며칠이 지나고 나니 다시 평소처럼 웃지 않는 얼굴로 완벽하게 복귀했다.

학생일 때는 혼자 공부하면 되니까 웃지 않아도 전혀 문제가 없다. 회사를 다닐 때에도 웃었던 기억이 거의 없다. 웃지 않아도 얼마든지 공부할 수 있고 일도 할 수 있다. 그러다 보니 오랫동안 매우 근엄한 얼굴을 하고 살았다. 옛날에 찍었던 사진을 보면 하나같이 무뚝뚝한 얼굴이다. 공무원들이 연수 가서 찍은 사진처럼 말이다.

그런데 벤처를 창업하고 보니 웃지 않는다는 것이 얼마나 심각한 문제인지 알게 되었다. 벤처 역시 기업이다. 기업은 많은 기업을 상대로 비즈니스를 하지만 상대 기업이라는 게 결국은 사람을 말하는 거다. 사람 대 사람으로 만나서 시종일관 근엄한 얼굴을 하고 있으면 비즈니스가 제대로 될 리가 없다. 여러분도 만약 백화점에 갔는데 점원이 줄곧 근엄한 얼굴로 당신을 응대한다면 어떤 기분이 들겠는가. 쇼핑할 기분이 뚝 떨어질 것이다.

웃지 않는 나 자신에 대한 문제의식이 창업 이후로 다시 떠오르며 이전에 장학금 면접에서 웃으라고 조언해주신 분이 생각났다. 그분은 평생 동안 기업을 경영하신 분이었다. 그러니 얼마나 많은 성공과 좌절을 맛보았겠는가. 면접처럼 부담스럽고 신경이 곤두서며 혹시 실패하면 어쩌나 싶어 예민한 상황에서는 고민을 하지 말고 웃으라고 하는 조언을 하셨다. 새삼스럽게 그 말씀의 무게가 생각났다. 좋은 약은 입에 쓰다고 했는데 좋은 조언은 실행하기 귀찮고 어려운 모양이다.

좋은 게 생각나면 지금 당장 시작해야 한다. 내일부터 하겠다고 마음먹으면 절대 시작하지 못한다. 그래서 즉시 거울을 보고 웃는 연습을 시작했다. 혼자 있을 때면 거울을 보고 "감사합니다!"라고 큰소리로 인사했다. 동시에 크게 허리도 숙였다. 마치 땅에 떨어진 돈을 줍는 듯한 정도로 깊이 허리를 숙였다. 돈을 주우니 얼마나 감사하겠는가. 이 동작을 세 번씩 반복해서 했다. 그리고 마지막으로 크게 웃으면서 박수를 쳤다. 박수는 나 자신에 대한 응원이다. 이 연습을 7년 동안 매일 아침마다 했다.

이 연습을 하면 당장 효과가 나타난다. 아침에 출근하려고 아파트 문을 열고 나오는데 마을 주민을 만나면 즉시 "안녕하세요!" 하고 큰소리로 허리까지 숙이며 인사할 수 있다. 이 연습을 하기 전에는 이웃을 만나도 고개만 까딱하면서 작은 목소리로 "안녕하세요" 하는 정도였다. 내가 웃으면서 인사를 하면 상대방도 무의식적으로 크게 인사를 한다. 그러면 나도 기분이 좋고 이웃도 기분 좋게 하루를 시작할 수 있다.

처음에는 인사 연습을 하면 그 이후로 한 시간 정도까

지 효과가 있었다. 그런데 7년이 지나니까 굳이 거울을 보고 연습하지 않아도 하루 종일 웃는 모습으로 지낼 수 있었다. 그래서 지금은 따로 웃는 연습을 하지는 않는다. 요즘 찍은 사진을 보면 대부분 밝은 얼굴이다. 새가 즐거워서 노래를 부르는 게 아니라 노래를 부르니까 즐거워지는 거라는 말이 있다. 즐거워서 웃는 것이 아니라 웃으니까 즐거워진다. 웃을 일이 없어서 웃지 않는다는 사람이 많은데 그래서 더욱 웃는 연습이 필요하다. 주변에 있는 사람이 웃는 모습을 하면 나도 즐거워진다. 내가 즐거워지면 그 사람도 다시 즐거워진다. 행복 바이러스는 이렇게 순식간에 전파된다.

미래가 생각한 대로 이루어진다면 얼마나 좋을까 생각하는 사람이 많다. 그러나 한편에는 미래가 생각한 대로 이루어지지 않기 때문에 재미있다고 하는 사람도 있다.

만약 커리어가 좌절되어 마음속으로 끙끙 앓고 있다면 문제를 새롭게 정의해야 한다. "현재의 상황은 내가 애당초 원했던 것과는 다른 방향으로 전개되고 있다. 이 상황에서 나에게 가장 유리한 것은 무엇일까?"

이는 지극히 자연스러운 일이다. 실제로 인생이 전개되는 것은 우연에 의한 것이 대부분이라는 조사도 있다. 사회적으로 성공했다고 평가받는 사람들을 조사해보니 현재의 커리어는 예상하지 못했던 사건이나 만남에 의해서 우연히 정해진 것이라는 사람이 80%였다는 것이다. 물론 필연을 강조하는 사람도 있다. 내가 원한 대로 커리어가 실현될 수 있도록 적극적으로 실천해야 한다는 주장이다.

어쨌든 중요한 것은 현실이 내 마음대로 되지 않는다고 고민하고 좌절하는 것이 아니라 이제부터 어떻게 해야 할지에 초점을 맞춰 생각해야 한다는 점이다.

흔히 전쟁과 전투를 구분하라고 한다. 전쟁의 목적은 승리에 있지만 전투의 목적은 반드시 승리에 있지는 않다. 하나의 전쟁에서는 수백 번, 수천 번의 전투가 일어나는데 이렇게 많은 전투에서 모두 다 승리할 수는 없기 때문이다. 그러다 보니 작전상 후퇴라는 말도 있고 승부에서 지고 내용에서 이겼다는 말도 있다. 작은 전투에서 패하더라도 이를 활용하여 전쟁에서는 승리하겠다는 것이다.

인생도 마찬가지다. 살아가면서 만나는 수많은 결과에 항상 만족할 수는 없다. 경우에 따라 좋은 결과도 있고 나쁜 결과도 있다. 그러나 인생의 방향을 확고하게 정하고 있는 사람이라면 이런 결과 하나하나에 일희일비할 필요가 없다. 인생의 방향을 제대로 진행하고 있는지 방향감각이 중요하다. 그러니 현실이 마음대로 되지 않는다고 해서 좌절감을 느끼면 크게 웃으면서 나의 현실에서 가장 유리한 방향을 생각하자.

완전한 암흑을 경험한 적이 있는가? 도시에서는 방에 불을 꺼도 완전한 암흑은 아니다. 어디선가 희미한 불빛이 들어오기 마련이다. 불을 꺼도 눈앞의 내 손이 보일 정도다. 그런데 지하실과 같이 밀폐된 곳에서 불을 끄면 완전한 암흑이 된다. 눈앞에 있는 내 손도 보이지 않는다. 완전한 암흑이 되면 굉장한 공포가 몰려온다. 방향감각을 완전히 잃어버렸다는 생각에 두려움과 좌절감도 든다. 이런 경우에는 조그만 불빛 하나가 큰 역할을 한다. 이 빛에 의지해서 마음을 안정시킬 수 있기 때문이다. 나의 커리어가 좌절되었다고 느낄 때 가족이나 친구가 불빛의 역할을 해줄 수도 있다. 그러나 내가 원하는 커리어를 다른 사람이 대신 실현해줄 수는 없는 노릇이다. 그러므로 내 스스로 나의 인생에 불빛을 만들어야 한다. 그 불씨가 되는 것이 웃음이다.

42

좋은 아이디어는
어떻게 만들까?

제가 평소에 메모를 제대로 한다면 필요할 때에 힘들여 기억해낼 필요도 없이 훨씬 수월하게 자료를 활용할 수 있을 텐데 아직 메모하는 습관을 들이지 못했습니다. 생각을 정리하고 메모하는 데에도 요령이 있는지요?

시간을 들여서

생각을 숙성시킨다

나는 연말이면 일상 기록을 위한 수첩을 구입한다. 현재 내 책상 서랍 속에는 중학교 1학년 때 사용했던 수첩부터 작년에 사용했던 수첩까지 다 있다. 내용을 보면 별것은 없다. 그저 일상의 활동을 기록한 거다. 예를 들어 중학교 시절에는 매주 월요일 아침에 무슨 과목 시험을 쳤는지도 적혀 있고 방학 동안에 무얼 하려고 했는지, 실제로는 무얼 했는지 정도가 기록되어 있다. 대학교 시절의 수첩에는 동아리 활동에 관한 기록이 많고 사회생활을 하면서는 회의나 모임에 관한 기록이 많이 보인다.

나는 일상 기록을 위한 수첩과 메모 노트를 구분하여 사용한다. 메모 노트는 세 가지 종류로 구분해서 사용한다. 가장 허접한 노트는 해야 할 일을 적었다가 일이 끝나면 지우는 용도로 쓰는 노트다. 이 노트는 책상 위에 놔두고 성의 없이 사용한다. 해야 할 일을 기억하기 위한 것이 목적이니까 그 일을 다 하고 나면 내용 위에 한 줄을 쫙 그어버린다. 이렇게 지우고 나면 완전히 잊어버리는 내용들이다.

두 번째 노트는 생각난 것을 일단 그대로 적어두는 노트다. 주로 연구에 관한 내용이 많은데 갑자기 멋진 단어가 생각났다거나 어느 기업의 경영 사례에서 특별히 중요한 개념을 찾았다거나 재미있는 데이터를 보았다면 일단 그대로 적는다. 이를 어떻게 어디에 활용할지에 대한 기록은 적지 않는다. 하지만 이 노트는 가끔씩 처음부터 쭉 훑어본다. 그러면 처음에 적을 때에는 느끼지 못했던 새로운 아이디어가 생각나거나 적을 당시에는 미숙했던 생각이 좀 더 세련되게 정리될 때가 있다. 그러면 그 내용을 세 번째 노트에 적는다.

세 번째 노트는 논리적으로 잘 정리한 내용을 장기간 보관하기 위한 목적이다. 여기에는 내 나름대로 잘 정리한 내용을 적는데 가급적 가시화하여 표현한다. 가시화한 내용은 언제일지는 모르지만 재사용될 가능성이 매우 높은 것들이다. 그래서 논리를 가시화해서 장기간 보관하는 노트에 가장 정성을 들인다. 생각을 가시화하면 문장으로 표현하는 것보다 좋은 점이 있다. 문장으로 적으면 여백이 없다. 그래서 문장을 읽을 때에는 행간을 읽으라고 한다. 그런데 가시화하여 표현하면 여백이 굉장히 많다. 이 여백에 새로운 선을 긋거나 새로운 도식을 추가하거나 기존의 그림을 바꾸면 전혀 새로운 논리가 탄생한다. 지적유희를 위한 좋은 놀이터가 되는 셈이다. 그래서 세 번째 노트에 있는 가시화된 자료는 나의 보물이다. 여기에는 생각을 숙성시키는 과정이 고스란히 남아 있다.

나는 수업시간에 학생들에게 필기하지 말라고 한다. 중요하다고 생각하는 키워드를 적는 정도는 좋지만 본격적으로 필기하는 것은 금지한다. 노트북도 사용하지 못하게 한다. 수업자료는 모두 파일로 제공하니까 나중에 휴대전화나 노트북에서 자료를 보면 된다. 그 대신 수업에서는 백지와 색깔이 여러 개 있는 볼펜을 준비하도록 한다. 만약 좋은 생각이 떠오른다면 가급적 가시화하라고 권한다. 한 번의 수업에서 하나라도 가시화하는 게 있으면 그걸로 충분하다. 가시화는 생각을 숙성시키는 데에 큰 도움이 된다.

예를 들어 갑자기 이노베이터와 추격자에 관한 자료를 보았다고 치자. 이노베이터에게 필요한 능력은 미래에 대한 선견지명과 이 세상에 아직 없는 것을 꿈꾸는 상상력이다. 그러나 이노베이터를 뒤쫓는 추격자에게 필요한 능력은 강한 추진력과 조직력, 그리고 첨단제품을 빠르게 모방하고 뒤쫓는 흡수력이다.

이 내용을 다 적으려면 우선 시간이 필요하다. 그리고 적다 보면 단어를 틀리게 적거나 일부 내용을 빼먹기도 한다. 시간이 지난 후에 메모를 다시 보면 무슨 내용인지 알기도 어렵다. 메모를 적을 때의 기분과 분위기는 기억이 나더라도 메모의 내용을 완벽하게 알지 못하는 경우도 많다.

이런 경우에 이노베이터와 추격자에 대해서 구구절절 문장으로 적는 것보다 가시화로 표현하는 게 편리하다. 가시화하려면 먼저 이노베이터와 추격자에 대해 무엇을 표현하려고 하는지부터 생각해야 한다. 이 문제에 대해서 나는 한참을 궁리하다가 자전거로 표현했다. 자전거의 앞바퀴는 이노베이터를 나타내고 뒷바퀴는 추격자를 나타낸다고 은유한 것이다. 바퀴의 크기는 매출액을 나타낸다.

우선 이 정도로 가시화한 후에 메모를 마친다. 그리고 시간이 지난 후에 다시 이 메모를 보면서 생각한다. 만약 그동안 생각이 많이 숙성되었다면 전보다 더 풍부한 생각이 날 것이다. 예를 들어 이노베이터는 하나인데 추격자가 둘이라면 어떻게 표현할까? 이노베이터는 있지만 아직 추격자가 아무도 없다면 어떻게 할까? 이런 생각은 처음에 메모할 때에는 미처 가지지 못했던 것이다.

만약 내가 처음부터 문장으로 메모했다면 생각을 확장하기도 어려울뿐더러 만약 새로운 의문이 생겼다고 하더라도 처음부터 다시 문장을 만들기 시작해야 했을 것이다. 그러나 가시화한 그림을 보면 새로운 의문점이나 그에 대한 힌트를 쉽게 나타낼 수 있다. 추격자가 둘이라면 뒷바퀴를 두 개 그리면 된다. 만약 한 추격자는 규모가 크지만 또 다른 추격자는 규모가 아직 작다면 큰 뒷바퀴 하나에 조그마한 보조 바퀴가 하나 붙어 있는 형상으로 그리면 된다. 추격자가 아직 없다면 바퀴가 하나 있는 자전거가 될 것이다.

이처럼 메모할 때에 가급적 가시화해서 보존하면 시간이 경과하고 나의 지식이 좀 더 숙성된 후에 다시 보았을 때 새로운 발상이 자연스럽게 떠오른다. 즉 이런 흐름이 된다. '나의 생각을 가시화하고 보존한다. 시간이 지난 후에 가시화한 내용을 보면서 가시화를 수정한다. 수정된 가시화를 보면서 생각을 확장한다.'

가시화 메모를 하려면 몇 가지 주의사항이 있다. 첫째, 도형은 간단해야 한다. 도형으로는 사각형, 삼각형, 원을 이용하며 크기는 상황에 맞추어 크게 하거나 작게 할 수 있다. 선은 굵기나 모양을 조정하면서 이용한다. 둘째, 색깔을 활용한다. 예를 들어 처음에 메모할 때에는 모두 검은 색으로 그린 후에 나중에 수정할 때에는 파란색을 이용한다. 그러면 내 생각이 어떻게 변했는지 알 수 있다. 메모에는 시간이 가면 효과가 사라지는 것도 있고 시간이 갈수록 효과가 증가하는 것도 있다. 일상을 기록한 수첩은 시간이 가면 단순한 기록이나 추억이 된다. 그러나 가시화한 메모는 시간이 갈수록 더욱 효과가 증가한다. 다만 조건이 있다. 시간이 경과한 만큼 나의 지식이 증가해 있거나 나의 견문이 넓어져 있어야 한다. 그래야만 생각이 더욱 숙성되어 기존의 지식에서 새로운 지식을 만들어낼 수 있다.

43

나는 왜
질문을 못할까?

저는 말이 많은 편입니다. 상대방을 즐겁게 해주려는 의도인데 정작 상대방은 관객이 되어 있을 때가 많습니다. 회사생활에서 커뮤니케이션이 중요하다고들 하는데 이런 제 대화 습관이 문제가 되지 않을까 걱정이 됩니다. 내 이야기도 하면서 남의 이야기도 들어주는 건강한 대화법은 무엇일까요?

질문은

반사법으로 한다

    대화를 할 때에 누구나 말을 잘할 수는 없다. 그러니 한마디를 하더라도 내가 하고 싶은 말보다 상대방이 원하는 말을 하는 게 좋다. 상대방은 나에게서 어떤 말을 듣고 싶어 할까? 궁극적으로 상대방이 원하는 것은 나의 말을 듣는 것이 아니다. 본인의 말을 하고 싶어 한다. 그러므로 자연스럽게 상대방의 말을 경청할 수 있는 것은 커다란 능력이다. 상대방이 하는 말을 주의 깊게 듣고 적절하게 추임새를 넣으면서 대화를 이어가는 능력은 많은 인내심을 필요로 한다. 누구나 말을 하고 싶은 본능이 있기 때문이다. 그러니 말하는 것보다 잘 듣는 것이 어렵다. 특히 상대방이 하는 말에 관심이 없어도 끈기 있게 들어주는 것은 정말 힘든 일이다. 단순히 듣는 것에 그치지 않고 말의 요점을 파악하고 이해하는 것은 고도의 능력이다. 말을 하면서 메모를 하면 상대방의 말을 내가 잘 듣고 있음을 표현하는 좋은 방법이다. 그러므로 말하는 양이 중요한 것이 아니다. 필요한 말을 하는 것이 중요하다. 순발력을 위해서 말하는 연습을 한다는 사람도 있는데 상대방이 하는 말을 들어주는 인내력이 있다면 순발력 연습은 크게 의미가 없다.

　대화의 80%는 상대방의 이야기를 들어주고 20%는 나의 의견을 말하는 것이 좋다. 그런데 누구나 말을 하고 싶어한다. 사람을 만나면 말을 하려는 충동이 생긴다. 이를 절제하기 위해서는 이렇게 생각하자. '저 사람의 말을 들어주면 나에게 돈이 들어온다. 그런데 이 돈은 지금 들어오는 게 아니라 10년 후에 들어오기 때문에 그동안 계속 말을 들어주자.' 말을 많이 해서 손해 보는 경우는 있지만 말을 적게 해서 손해 보는 경우는 거의 없다.

　사람들은 나의 말을 잘 들어주는 사람에게는 호의적이다. 그런데 아무리 경청하려고 해도 정말 어려운 경우가 있다. 별로 중요하지 않은 화제임에도 불구하고 공격적으로 이야기하는 사람과 대화하는 경우다. 상대방이 나의 말을 전혀 들으려고 하지 않는다면 대화를 포기해야 한다. 이런 경우에는 나의 의견을 문서로 작성해서 전달하는 경우도 있다.

상대방이 말을 더 많이 하게 하려면 부드럽게 질문하는 것이 좋다. 부드럽게 질문하는 능력은 처음 만나는 사람과 관계를 형성하거나 아직 거리감이 있는 사람과 대화를 나눌 때에도 매우 중요하다. 대화는 탁구와 같이 내가 한 번 말하고 상대방이 한 번 말하면서 서로 말을 주고받아야 한다. 그런데 탁구에서 갑자기 상대방이 어려운 공을 보내면 나는 그 공을 놓치게 된다. 어려운 질문이란 굉장히 깊이 생각해서 말해야 하는 내용이나 말하기 싫은 사생활을 묻는 것이다. 이런 질문에는 단답형으로 가볍게 말하기 어렵다.

그러니 처음 보는 사람이라면 "이제 봄이네요"라고 가볍게 말을 시작하거나 "오늘 회의가 잘되었으면 좋겠네요" 정도가 좋다. 어떤 대답을 들어도 상관이 없는 질문이다.

만약 상대방과 알기는 하지만 서먹한 사이인데 개인적인 친근감을 나타내고 싶을 때에는 "얼굴이 좋아 보이네요"라고 말한다. 업무에 대한 관심을 나타내고 싶을 때에는 "요즘 바쁘세요?"라고 물어본다. 공통으로 아는 사람이 있다면 "요즘 그 사람 활약이 대단한 것 같던데요"라고 말을 붙인다. 잘 아는 사람이라면 상대방이 자랑스럽게 대답할 만한 내용을 질문한다.

질문은 공식적인 행사에서도 중요하다. 그런데 어려운

자리에서는 질문하기가 쉽지 않다. 그러나 의외로 매우 쉽게 질문할 수 있는 방법이 있다. 이름하여 반사법이다. 이는 발표자가 주장하는 내용을 반사하는 질문법인데 발표한 내용에 대해서 5W1H에 1H를 더하는 방법이다. 만약 발표자가 "자원 리사이클이 중요하다"라고 주장한다면 거울에 반사하는 것처럼 질문한다. "리사이클은 언제 중요하나요? 리사이클은 어디서 중요하나요? 리사이클은 누구에게 중요하나요? 무엇을 리사이클하나요? 리사이클은 왜 중요하나요? 리사이클은 어떻게 하나요?" 그리고 마지막으로 하나 덧붙인다. "리사이클 비용은 얼마인가요?"

 만약 발표자를 잘 알고 있다면 먼저 상대방의 장점이나 잘한 점을 칭찬한다. 이는 내가 너의 입장을 이해한다는 느낌을 주기 위한 것이다. 적이 아니라는 것을 먼저 표현한다. 그리고 문제점이나 의심이 가는 내용을 질문한다. 상대방의 인격을 존중한다는 느낌을 주면서 내가 알고자 하는 내용을 질문하는 방식이다.

 상대방과 논쟁해서 반드시 이기겠다는 생각을 가진 사람도 있다. 그러나 이런 생각은 버려야 한다. 상대방과의 대화를 통해서 나의 지식과 경험을 한 단계 올릴 수 있다면 그걸로 충분하다. 내공을 쌓는 게 중요하지 다른 사람과 논쟁해서 이기는 것이 중요하지는 않다. 작은 전투가 아니라 인생이라는 전쟁에서 이겨야 한다. 승부를 하려면 큰 승부를 해야 한다.

경청하는 능력을 키우려면 상대방이 길게 한 말을 문장 하나로 줄이는 연습이 좋다. 저 사람이 한 시간 동안 주장한 내용을 하나의 문장으로 만들 수 있을까? 만약 단어 하나로 나타낸다면 뭐가 좋을까? 이는 신문에서 톱뉴스의 헤드라인을 정하는 것과 비슷하다. 너무 추상적이거나 애매한 표현을 사용하면 보는 사람들이 알기 어렵다. 그렇다고 너무 쉬운 말이나 평이한 표현을 사용하면 깊이가 없어서 가벼워 보이니 고민이다. 그래서 길게 말하는 것보다 문장 하나로 요약하기가 더 어렵다. 그런데 요약을 잘하는 노하우는 의외로 간단하다. 말하는 사람의 목적과 관점에 맞추어 요약하는 연습을 많이 해보는 것이다.

좋은 대화란 내 주장을 펼치면서 동시에 상대방의 주장을 잘 듣는 것이다. 그러므로 상대방이 어떤 논리를 펼치는지 파악해야 부드럽게 진행된다. 그런데 상대방과 내가 주장하는 내용이 논리적으로 너무 차이가 나는 경우도 많이 있다. 만약 중요한 토론이 있다면 토론에 임하기 전에 상대방이 사용할 논리가 무엇일지 미리 예상해야 한다. 토론에서 논리는 무기에 해당한다. 적이 총을 가져왔는데 내가 몽둥

이를 준비한다면 토론을 시작하자마자 승부가 갈릴 것이다. 총에는 총, 몽둥이에는 몽둥이다. 그러므로 토론을 준비할 때에는 상대의 논리를 예상해야 한다. 내 논리를 개발하는 것은 상대의 논리에 대응하는 형식이 되어야 한다.

그리고 공격적인 태도가 아니라 적극적인 태도로 임해야 한다. 상대방을 비난하거나 인신공격하는 것이 아니라 상대방이 주장하는 논리의 허점을 파고드는 질문을 던지거나 지적하면서 나의 논리를 전개하는 것은 적극적인 태도다. 거친 표현을 사용하거나 상대방의 말을 끊는 것은 공격적인 태도다. 목소리는 약간 톤을 높이고 조금 천천히 말을 해야 알아듣기 편하다. 근거가 되는 데이터는 미리 준비하여 필요할 때 제시해야 한다. 사실에 근거해서 주장하는 사람도 있고 감정에 호소하는 사람도 있다. 남의 일이라면 사실에 근거한 주장에 동조하지만 본인의 일이라면 감정에 치우치는 면이 강하게 되기 쉽다.

44

창업을 하려는데
동업은 위험한가?

창업할 때 혼자는 힘들 것 같아 파트너와 함께 하려고 하는데 주변에서는 절대로 동업하지 말라고 합니다. 동업은 정말 위험한가요?

파트너를 구하는 것이 성공의 절반이다

창업을 생각하는 사람은 많이 있다. 그중에서 특히 기술벤처를 생각하는 사람에게 하고 싶은 말이 있다. 내가 가진 기술이나 제품으로 세상을 좋게 변화시키고자 하는 신념이 없으면 벤처를 시작하지 말라는 것이다. 우리는 좋은 일을 해야 한다. 좋은 일이란 내가 좋고, 가족이 좋고, 그 결과 세상이 좋아지는 일이다. 창업은 이를 실현하는 수단이어야 한다.

돈을 버는 것만이 목적이라면 창업은 너무 리스크가 큰 선택이다. 그래서 우리나라 부모들은 자녀가 창업하는 걸 반기는 편이 아니다. 나 역시 학생들이나 주변 사람들에게 창업을 권하지 않는다. 마찬가지로 취업을 권하지도 않는다. 본인의 커리어는 본인이 정해야 한다. 명확한 신념을 가지고 창업을 하겠다는 사람이라면 함께 비즈니스 모델을 상의할 용의가 있다.

현실적으로 창업을 하고 나면 벤처도 기업이므로 처음의 기개와는 달리 돈에 대한 개념이 조금씩 변한다. 특히 월급을 받던 입장에서 월급을 주는 입장이 되면 돈에 대한 개념이 완전히 달라진다. 예를 들어 현재 수중에 있는 돈의 절대치가 아니라 돈이 들어오는 경향을 더욱 중요하게 생각하게 된다. 비록 지금은 돈이 많이 없더라도 조금씩이나마 돈이 계속 들어오고 있는 추세라면 마음이 편해진다. 반대로 회사에 돈이 어느 정도 있어도 돈이 계속 줄어드는 추세라면 매우 불안해진다. 그런데 월급을 받는 사람은 현재의 잔고에 따라서 기분이 달라진다. 한 번이라도 다른 사람에게 월급을 준 경험이 있는 사람과 평생 타인에게서 월급을 받아만 오던 사람은 돈에 대한 개념이 크게 다르다.

벤처 창업을 할 때 돈이 목적이 되어서는 안 된다는 말은 어찌 보면 너무 뜬구름 잡는 말처럼 들린다. 그러나 이 세상에 태어나서 무엇인가 값진 것을 남기고 떠나고 싶다는 마음으로 창업해야 한다. 결과적으로 돈을 많이 벌면 좋지만 만약 원했던 것만큼 돈을 벌지 못해 조금 아쉬운 마음이

들어도 그걸로 만족할 수 있어야 한다.

나는 왜 창업하려고 할까? 이 질문에 대한 답이 분명하게 나온다면 창업에 필요한 능력도 알 수 있다. 좋은 일을 하기 위해서 창업을 하지만 당연히 사업의 성공이 중요하다. 창업에 필요한 능력 중에서 사실상 가장 중요한 첫째 능력은 파트너를 고르는 능력이다. 창업에 가장 중요한 것은 파트너를 포함한 창업자 그룹이기 때문이다. 세계적으로 크게 성공한 벤처를 보면 구글, 야후, 유튜브, 혼다, HP 등 두 명이 힘을 합해 시작한 곳이 매우 많다. 창업자가 한 명인 경우에도 내면을 들여다보면 중요한 파트너가 한 명 있는 경우가 많다. 만약 긍정적이면서 약간 낙천적인 성격을 가진 파트너가 한 명 있다면 이는 매우 좋은 출발점이 될 수 있다. 물론 성실함과 지적 호기심은 필수다.

파트너를 정할 때에는 이 사람은 우리가 지금부터 함께 하려는 일을 얼마나 좋아하는지 알아야 한다. 좋아하지 않는 일은 오래 할 수가 없다. 그리고 나와 이 사람은 얼마나 오랫동안 잘 지낼 수 있을까 스스로에게 질문해본다. 모든 일을 함께 진행하고 함께 결정하며 책임과 권리를 나누어야 하기 때문이다. 물론 이는 학력과 전혀 상관이 없다.

벤처 창업도 역시 기업을 만들어서 사업을 하는 것이니

까 비즈니스 모델에 대해서 많이 궁리해야 한다. 이때 중요한 것이 환금성이다. 내가 가지고 있는 기술이나 지식을 현금으로 바꿀 수 있을까. 만약 좋은 기술만 있으면 된다고 생각하는 사람이 창업하려고 한다면 비즈니스 모델과 환금성에 대해 개념이 확실한 사람을 파트너로 맞이하는 게 좋다.

창업할 당시에 생각하는 비즈니스 모델이나 사업자금은 상대적으로 중요도가 떨어진다. 어차피 창업 전에 생각한 비즈니스 모델은 나중에 몇 번이고 바뀌게 될 것이며 준비했던 사업자금은 곧 바닥을 칠 것이기 때문이다.

적당히 낙천적인 성격이 창업을 할 때든 일을 할 때든 좋다. 그러나 아무리 낙천적인 성격이라도 벤처를 하다 보면 머리로는 침착해지려고 노력해도 마음은 그렇게 되기 힘든 경우가 많다. 이런 경우에는 우선, '아, 내가 지금 힘들구나'라고 인정한다. 힘들 때 힘들지 않다고 해야 극복할 수 있다는 사람도 있다. 그러나 나는 일단 힘들다는 것을 스스로 인정하는 편이다. 그리고 이렇게 생각한다. '지금은 너무 힘드니까 당장 해야 할 일만 얼른 끝내고 푹 쉬고 그 이후에 다시 고민해야지.' 또 이렇게 생각한다. '내가 할 수 있을 만큼만 하고 그래도 안 되면 할 수 없지. 그런데 내가 할 수 있는 만큼이란 어느 정도일까?'

아무리 힘이 들어도 하루는 또 저물어간다. 그러면 '내일은 오늘보다 조금 더 좋아지겠지. 그러면 오늘은 내일의 추억이네'라고 생각하면서 잠을 청한다.

대기업을 경영하면 힘든 시기가 없을까? 그렇지 않다. 바다에 있는 작은 보트나 거대한 선박이나 파도에 전복되지 않으려면 파도를 정면으로 타고 넘어야 한다. 벤처나 글로벌 대기업이나 문제가 생기면 이에 정면으로 맞서서 해결해야 한다는 의미다. 그래서 경영자에게는 긍정적인 냉철함이 필요하다.

힘든 순간을 견디기 위해서는 입에서 나오는 표현도 바꾸어야 한다. 날씨가 매우 더울 때에는 너무 덥다고 말하지 말고 많이 따뜻하다고 말하는 식이다. 내 입에서 나오는 말은 가장 먼저 내 귀가 듣는다. 내 입과 내 귀가 수시로 소통하면 결국 내 마음이 움직이기 때문에 먼저 내 입에서 나오는 말을 스스로 제어해야 한다. 그러므로 극단적인 표현을 삼가고 내가 견딜 수 있을 정도의 표현을 해야 한다.

45

외국에서
창업하는 것도
가능할까?

저는 창업에 굉장히 관심이 많습니다. 특히 외국에서 창업하는 것도 많이 생각하고 있는데, 외국에서 창업하는 것과 국내에서 창업하는 것에는 어떤 차이가 있고 무엇이 필요한지 궁금합니다.

외국에서

1년만 생활해보자

만약 외국에서 창업하려면 그 나라의 문화와 언어를 이해해야 한다. 나는 일본 도쿄와 헝가리 부다페스트 그리고 서울에서 창업한 경험이 있다. 일본은 유학한 이래 20년을 살았고 언어를 구사하고 문화를 이해하기 때문에 비즈니스 환경도 이해할 수 있었다. 그러나 헝가리는 문화와 언어를 전혀 이해하지 못했기 때문에 결국 1년 만에 문을 닫았다. 헝가리인 친구에게서 많은 도움을 받기는 했지만 결국 나 자신의 한계를 돌파하지 못했던 것이다.

만약 외국에서 창업을 하려면 현실적으로 그 나라에서 1년 과정의 경영대학원을 먼저 수료할 것을 권한다. 그 나라의 문화도 이해하면서 동시에 비즈니스 환경도 이해할 수 있는 최소한의 기간이기 때문이다. 대학원 과정에 드는 비용은 시장조사 비용이라고 생각해야 한다.

    창업하려는 국가의 언어를 이해하는 것은 가장 기본적인 준비다. 만약 영어 하나만 가지고 외국에서 창업을 한다면 현실적으로 사업을 진행하기가 어렵다. 아무리 통역을 대동한다고 해도 항상 통역이 옆에 있을 수는 없다. 외국어를 습득하는 것은 얼마나 시간을 들였느냐에 따른 성실성의 문제다. 나는 일본으로 유학을 갔을 때 일본어를 거의 하나도 모르는 상태였다. 국내에서 일본어를 공부한 것은 독학으로 교재의 10과 정도까지 두세 번 읽어본 게 다였으니 일본어를 쓰고 읽는 것조차 어려웠다. 그래서 가게의 간판을 보아도 그게 어떤 말인지 전혀 알지 못했다. 그래서 택한 방법은 지하철을 탈 때마다 일본어로 소설을 읽는 것이었다. 소설은 스토리가 있기 때문에 좀 오래 읽어도 지루하지 않고 중간에 어려운 표현이 나오더라도 문맥상 어느 정도 의미를 해석할 수 있다. 내용도 재미있고 언어도 공부하니 일거양득이다.

    외국의 문화를 이해하는 데에도 시간이 필요하다. 외국인의 입장에서 그 나라 사람들의 행동에 내포된 섬세한 의도까지 면밀히 알아채려면 너무 많은 시간과 비용이 필요하다. 외국의 문화를 가장 쉽고 저렴하게 배울 수 있는 현실적인 방법은 먼저 그 나라로 취업을 하는 것이다. 최근에는 한국에서 대학을 졸업한 학생이 외국으로 직접 취업하는 경우도 많이 늘었다. 한국에서 기업을 다니다가 퇴사하고 외국의 기업으로 취업해서 나가는 경우도 많이 늘었다. 이런 사람들은 자연스럽게 그 나라의 문화를 배우고 비즈니스 환경을 이해하게 된다. 만약 이런 방식이 여의치 않다면 한국 기업에서 근무하는 외국인 사원과 함께 일하면서 그들의 문화를 이해하는 방법도 있다. 대학에도 외국 유학생이 많이 있다. 이들과 함께 그룹을 만들어서 자주 토론하면 서로의 문화를 이해하는 데 많은 도움이 된다. 매스컴에서 외국에 관한 뉴스가 나오면 이 역시 주의 깊게 본다.

공부에는 왕도가 없다. 그렇지만 시간과 돈을 최소로 하면서 외국의 문화를 배우기 위해 책을 사서 암기하는 방법을 사용한다면 결과적으로 외국에서 사용하기 어려울 것이다. 외국인과 직접 부딪치면서 문화를 체험하는 방식이 훨씬 효과적이다.

46

나에게
기술이 없어도
창업이 가능한가?

창업은 기술을 아는 사람만이 할 수 있다고 생각합니다. 그러나 최근의 상황을 보면 기술적으로 크게 눈에 띄는 벤처가 별로 없는 것 같습니다. 기술이 없어도 사업이 가능한 분야라면 진입장벽이 낮아서 경쟁이 치열할 것 같습니다. 저는 창업에는 관심이 많지만 스스로 기술적 전문성이 부족하다고 느껴서 아직은 관심만 가지고 있습니다. 선뜻 용기가 나지 않습니다.

기술과 사업의 관계를 이해한다

기술이 없는 사람이 창업하고 싶다면 우선 비즈니스 모델을 생각하고 이를 실현하기 위한 기술은 그다음에 생각하는 것도 한 가지 방법이다. 기술을 사업화하려면 사업의 시작은 기술에 있다. 그러나 기술보다 중요한 것은 이 세상을 좋게 바꾸겠다는 신념이다. 신념이 없이 그저 기업을 키워서 자본 이득을 보고 부자가 되겠다는 마음만 가진다면 장삿길에 들어서는 것에 불과하다. 동일한 비즈니스 모델이라도 이를 실현할 수 있는 기술은 여러 개다. 그러므로 기술에 밝은 사람들을 많이 만나서 나에게는 어느 기술이 필요한지 찾아야 한다. 내가 경영을 담당하고 파트너가 기술을 담당해서 창업하는 경우도 있다.

기업이 사업에서 성공하려면 많은 요소가 필요한데 기술은 그중 한 요소일 뿐이다. 제품을 개발하려면 여러 가지 기술이 필요하지만 기업이 보유한 기술의 범위는 대부분 한정적이다. 한 가지 제품을 만드는 데 필요한 여러 가지 기술 중에서 기업이 직접적으로 보유한 기술은 대부분 20%를 넘지 않는다. 그래서 나머지 기술을 외부에서 조달하는 개방형 혁신이나 사업을 개방형으로 운영하는 개방형 사업 모델이 중요하다.

내가 지금 일하고 있는 곳은 기술경영전문대학원이다. 여기에서는 기술을 사업화하기 위해서 필요한 내용을 많이 다루고 있다. 벤처 창업, 기술 사업화, 연구개발, 관련 법률 등 기술을 사업화하기에 필요한 과목들이 주를 이룬다. 그러나 학교에서 아무리 많은 과목을 가르친다고 해도 이는 실제로 사업을 하기 위해서 필요한 지식의 극히 일부에 지나지 않는다. 왜냐하면 사업은 종합예술이기 때문이다.

나는 벤처를 창업하기 전에 기술 사업화에 관한 교육을 전혀 받은 적이 없었다. 그 당시는 기술경영이라는 분야도 생소했고 전문대학원도 없었다. 그래서 내가 가지고 있는 기술을 어떻게 사업으로 연결시켜야 할지 많은 고민을 했다. 소프트웨어를 개발했지만 패키지 소프트웨어를 만들어

상업적으로 판매한 경험이 있는 기업을 찾기도 힘들었다. 일본의 소프트웨어 시장 규모는 매우 크지만 패키지 소프트웨어를 개발하여 판매하는 기업은 거의 없는 실정이었기 때문에 대기업을 찾아가서 상담해도 경험이 많은 사람이 거의 없었다. 경영학자인 마이클 포터는 일본의 소프트웨어 산업을 실패한 산업이라고 정의하기도 했다. 소프트웨어 패키지는 미국이 절대 강자다. 노벨상 수상자를 배출한 국가보다 소프트웨어 패키지를 수출하는 국가가 절대적으로 적다. 일본 기업들도 소프트웨어 패키지는 주로 미국에서 수입해서 사용하는 제품이라고 생각하고 있다.

그래서 나는 기술을 바탕으로 제품을 만드는 작업부터 엄청나게 헤매게 되었다. 마치 맨땅에 헤딩하는 심정이라고나 할까. 기술 사업화를 논할 때 먼저 기술 제품화를 생각해야 하는데 기술만 있다고 해서 제품이 나오는 게 아니다. 제품의 기능, 단위, 가격 등 고려해야 할 요소가 너무 많다. 그런데 이 모든 것을 혼자서 정하려고 하니 참 많이 힘들었다. 기술 제품화에는 기술에 대한 판단이 중요하다.

그런데 우여곡절 끝에 기술 제품화에 성공하고 나니 이번에는 제품을 판매하는 데에서 문제가 닥쳤다. 기술 상업화의 문제다. 기술 상업화에는 경영판단이 중요하다. 소프트웨어 패키지 제품을 개발하고 영업하고 판매하는 경영활동에는 당연히 많은 자금이 필요하다. 그런데 벤처에게 가장 어려운 문제 중의 하나가 은행에서 대출을 받는 것이다. 기술이 있고 특허가 있어도 이것만으로는 대출받기가 어렵다. 부동산처럼 담보를 잡힐 게 있으면 아무런 문제가 없겠지만 나는 아무런 담보거리가 없었기 때문에 오로지 신용대출만 가능했다. 그러나 작은 기업이고 매출도 적다면 은행이 납득할 만한 근거가 있어야 한다. 결과적으로 나는 일본 정부의 보증을 받아서 대출을 받았다. 그게 불가능할 경우에는 은행의 판단에 의한 신용대출을 받기도 했다.

이런 과정에서 내가 가장 궁금했던 것은 은행에 서류를 제출하거나 우리 회사를 방문한 담당자에게 경영상황을 설명할 때 어떤 내용을 어떻게 강조하는 것이 기업에 유리한지였다. 그래서 서점으로 달려가서 관련 서적을 찾아보았지만 내가 알고 싶은 실무지식을 얻기가 너무 어려웠다. 기업의 재무분석이나 가치평가와 같은 서적은 많이 있지만 이는 대부분 중견기업 이상의 규모가 되어야 읽어볼 만한 내용이었다. 벤처기업의 자금조달에 관한 내용은 거의 없었다. 왜냐하면 벤처의 자금조달은 주로 벤처 캐피탈에 의한 투자로 이루어지기 때문이다.

벤처가 벤처 캐피탈의 투자자금에만 의존하는 것은 근본적으로 은행에서 대출을 받지 못하기 때문이다. 은행에서는 담보가 없으면 대출해주지 않는다. 그러나 벤처가 경영 실적이 좋고 지금 당장 기업 운영에 큰 문제가 없다면 은행에서 대출을 받아서 자금을 조달하는 것이 총 금융비용을 봤을 때 가장 유리하다. 은행에서 대출을 받으면 후에 원금과 금리를 더해 갚으면 끝이다. 하지만 벤처 캐피탈은 나중에 수십 배의 자본이득을 올리기 위해 기업에 투자를 하기 때문에 기업의 입장에서는 부담이 크다. 그리고 결정적인 차이가 있다. 은행은 돈만 빌려주지만 벤처 캐피탈은 투자와 함께 감시자를 파견한다는 점이다. 물론 벤처 캐피탈의 입장에서는 사업 경험이 풍부한 사람을 벤처의 임원으로 파견해서 벤처의 경영을 돕는다는 명분이 있다. 벤처의 입장에서도 벤처 캐피탈에서 받은 투자금은 당장 지불해야 하는 이자가 없으며 사업에 실패하여 기업이 도산하는 경우에는 갚지 않아도 되기 때문에 리스크를 회피할 수 있다는 장점도 있다. 그러나 벤처에서 자금을 조달하는 방법은 벤처 캐피탈만이 아니라는 사실을 염두에 두어야 한다.

구글이나 페이스북, 트위터 등의 창업에 대한 이야기를 듣다 보면 처음부터 사업을 하려고 덤볐다기보다 기술에 대한 연구와 호기심에서 비롯된 경우가 많다. 기술을 개발하고 이용하다 보니 이 기술을 이용한 사업에 가능성이 있다고 판단되어 본격적으로 기술 사업화를 전개한 것이다. 기술 사업화에서 기술은 사업의 필요조건이지 충분조건은 아니다.

　기업이 성공하면 왜 성공했는지에 관한 분석 리포트가 많이 나온다. 최근에는 구글이나 페이스북이 크게 성공하니까 이 기업에 관한 리포트가 많다. 그러나 시간이 지나면 이들 기업이 시장에서 사라질 수도 있다. 그러므로 시중에 소개된 기업 사례는 하나의 참고자료에 불과하다. 구글은 창업자가 생성한 알고리즘을 바탕으로 창업했다. 그러나 다시 학교로 돌아가기 위해서 기업을 매각하려고 했지만 뜻대로 되지 않자 결국 비즈니스에 전념하게 되었다. 페이스북은 창업자가 아르바이트를 한 기업의 비즈니스 모델을 그대로 도용해서 비즈니스를 성장시켰다. 그러나 그 기업 창업자가 소송을 걸어 재판을 하게 되고 결국 합의금을 주고 해결했다. 트위터는 기존 제품에서 매출이 발생하지 않고 폐업할 위기에 처하자 우연히 개발하게 된 제품이다. 이들 기업은 기술로 시작했으나 사업을 영위하는 경영능력을 습득했기 때문에 성공한 것이다. 능력을 습득하기 위해서 외부에서 경영자를 영입하고 여러 분야의 전문가를 채용하여 자신의 능력으로 체화했다. 그러나 같은 분야라도 반대의 경우가 얼마든지 있다. 인터넷 상거래 기업인 아마존, 알리바바,

라쿠텐의 경우에는 창업자가 모두 사업 계획을 먼저 작성한 후에 시작했으며 이를 실현하기 위한 기술은 외부에서 기술자를 고용하여 해결했다. 이처럼 창업에는 고정된 방법이 없으며 스스로가 가장 효율적인 방법을 찾아나가야 한다.

47

창업을 했는데
후회가 된다면?

저는 창업을 해서 벤처를 운영하고 있습니다. 그런데 아무리 제가 긍정적으로 생각하고 비즈니스 모델도 정말 괜찮다고 재차 확신하지만 미래에 대한 불안감 때문에 흔들릴 때가 많이 있습니다. 창업을 함으로써 포기해야 하는 기회비용이 자꾸 생각나는데 이런 갈등을 어떻게 극복하면 좋을지 궁금합니다.

기회비용을
생각한다

창업을 할 당시에는 현재의 만족감보다 미래의 만족감이 더 크다. 미래에 가질 수 있는 만족감이 충분히 크다고 예상해야지만 창업할 수 있기 때문이다. 만약 미래의 기대감이 크지 않다면 창업할 이유가 없다. 이러한 기대감은 창업할 때의 마음가짐에 긍정적으로 작용한다.

그런데 막상 창업을 하면 이는 기업을 운영하는 것이기 때문에 현실적인 문제가 많이 발생한다. 기술은 부족하고 제품개발은 늦어지고 사원은 충원되지 않으며 자금은 금세 떨어진다. 잠도 제대로 못 자고 시간을 아껴서 제품을 개발하는데 계획과는 달리 전혀 진전이 없다. 게다가 매스컴을 보면 성공한 벤처 이야기가 매일 나오니 점점 초조해지는 기분이다. 그래서 후회하기 시작한다. 지금까지 들인 정성과 시간과 비용이 크니 여기서 그만두기는 너무 아깝다고 생각한다.

　이 경우에 생각할 수 있는 시나리오가 몇 가지 있다. 첫째, 이대로 밀고 나간다. 포기하지 않고 노력해서 내가 생각하던 수준의 제품을 개발한다. 둘째, 이대로 회사 문을 닫는다. 지금까지 들었던 비용은 과감하게 잊는다. 급작스레 입원해서 병원비로 사용했다고 생각하는 것이다. 셋째, 이 상태로 다른 사람에게 매각한다. 그런데 우리나라에서는 기업매각이 쉽지 않다. 그런 문화가 없다. 그렇다면 외국시장에 기업을 팔기 위한 방법을 모색해야 한다. 이외에도 내 사정에 맞는 시나리오가 있는지 생각해보자.

　갈등이 심한데 이를 극복하려고 그저 참기만 하는 것이 좋은지 혹은 새로운 시나리오대로 실행해서 갈등을 현실적으로 승화하는 것이 좋은지 진지하게 생각해볼 필요가 있다. 그러나 벤처를 하면서 갈등을 느끼고 고민했던 경험은 내 인생의 비료가 될 것이다. 그러므로 기회비용을 계산할 때에 비료값은 제외하자.

　창업한 사람 중에는 제품의 아이디어는 좋지만 판매에 실패하여 결국 수익을 내지 못하고 사업을 접는 경우도 많다. 기업에서 제품개발은 커다란 산이다. 넘기가 어렵다는 뜻이다. 그런데 마케팅과 영업은 더 큰 산이다. 정말 넘기가 어렵다. 기업생존은 에베레스트보다 더 높은 산이다. 기업이 오랫동안 생존할수록 산은 점점 더 높아져만 간다. 기업이 해결해야만 하는 문제의 규모도 점점 더 커지고 복잡해진다. 그래서 기업이 생존할 확률이 점점 더 낮아진다.

처음에는 기술과 제품만 좋으면 팔릴 거라고 생각한다. 그런데 생각처럼 되지 않으면 마케팅이 문제라고 생각하게 된다. 또 비용을 들여서 마케팅을 해도 잘 팔리지 않으면 영업에 문제가 있다고 생각한다. 문제가 생기면 이런 식으로 다른 곳에서 원인을 찾게 된다. 그러나 기업에서는 기술, 제품, 마케팅, 영업, 조직을 포함해서 모든 것이 다 중요하다. 그런데 그중에서 가장 중요한 것을 한 가지만 말하라고 한다면 역시 사람이다. 사람은 인공위성도 만들고 휴대전화도 만들며 동시에 아프리카에 가서 신발을 팔고 알래스카에 가서 냉장고를 팔아온다.

창업을 하고 실제로 벤처를 경영한 사람에게는 경험이 쌓인다. 이는 앞으로 살아가기 위해서 매우 중요한 자산이 될 것이다. 그중에는 사원을 채용하고 해고하는 과정도 포함된다. 창업을 하면 혼자다. 그러다가 처음으로 사원 1호를 채용하게 된다. 사원 수가 적으면 한 명 한 명의 사원이다 중요하다. 그러므로 사원에게 아래의 특성이 있다면 대환영이다. 지적 호기심＝끊임없이 새로운 학습 기회를 모색한다. 지속＝실패에 굴하지 않고 계속 노력한다. 유연성＝고집을 버리고 신념, 태도, 행동을 바꾼다. 낙관주의＝새로운 기회는 반드시 실현된다고 긍정적으로 생각한다. 모험심＝결과가 불확실하더라도 위험을 감수하고 행동한다.

사업이 점점 커지면 사원 수도 늘어나지만 그렇다고 해도 벤처 기업에서 사원이 100명을 넘는 경우는 매우 드물다. 사원 수가 적으면 가족 같은 분위기가 생기는데 이는 회사 경영에 도움이 되기도 하지만 오히려 약점으로 작용하기도 한다. 만약 사원을 해고해야 한다면 이는 경영자에게는 매우 큰 고통이다.

벤처 경영자는 미래를 예측해야 한다. 이때 긍정은 3의 크기로 예측하고 부정은 1의 크기로 하는 것이 좋다. 좀 더 긍정적으로 미래를 예측하는 것이 회사에 도움이 된다. 왜냐하면 벤처는 잃어버릴 게 없기 때문이다. 어차피 10년 후에 벤처가 생존할 확률이 10% 이하라고 하니까 처음부터 상황이 부정적인 것은 누구나 알고 있다. 그러므로 벤처 경영자는 긍정적으로 미래의 꿈을 꾸는 것이 필요하다.

에필로그

우선

나는 약한 자라는 것을 인정하자

　　이 세상에 나올 때 스스로 원해서 나온 사람이 어디 있겠는가? 그러니 우리는 타의에 의해서 인생을 시작한 셈이다. 그러나 나의 인생을 살아가는 것은 자의에 의한 것이어야 한다. 나 스스로 생각하고 결정하고 행동해야 한다. 이 과정은 많은 고민과 불안을 동반한다. 어릴 적부터 경쟁하는 데 익숙해지다 보니 세상만사를 보는 눈이 조금씩 삐딱해지는 것 같다. 공부하기도 어렵고 취업하기도 어렵다. 그런데 막상 취업을 하고 나면 직장생활을 하는 것도 너무 어렵다. 사실 돈을 벌어먹고 사는 그 자체가 힘들다. 주변을 둘러보면 다들 잘하고 있는 것 같은데 왜 나만 이렇게 방황하고 있는지 모르겠다.

그래서 생각한다. 내가 행복해질 수 있는 회사는 어디일까? 그런 회사가 있으면 지금 당장 옮기고 싶다. 그러나 현실을 생각하면 낙심하게 된다. 나에게는 어떤 능력이 있을까? 늘 하던 업무를 하고 있으면 나도 꽤 능력이 있는 것처럼 느껴진다. 그러나 냉정하게 나를 평가하면 사실 별 능력이 없다. 업무에 바쁘다는 핑계로 공부한 지도 너무 오래되었다. 통장에 잔고도 거의 없다. 체력도 점점 떨어진다. 이렇게 생각하다 보면 나의 장래가 걱정된다. 당장 회사를 그만두면 어떻게 할까? 다른 회사로 전직할 수 있으려나? 전직이 어려우면 창업을 해야 하나? 별다른 기술이 없으니 커피 프랜차이즈나 빵집을 해야 하나? 그런데 그것도 돈이 많이 든다던데.

이렇게 생각하다 보면 저절로 소주 한잔이 생각난다. 그래서 오늘도 퇴근길에 소주 한잔을 마신다. 술을 마시면서 생각한다. 이 술잔의 절반은 눈물이다. 눈물은 내가 세상을 열심히 살아오면서 느꼈던 희망과 절망이다. 좋았던 기억과 불안한 미래를 모두 다 섞으면 이 눈물이 된다. 마지막 잔을 입 안에 털어넣고 집으로 향한다. 그리고 날이 밝으면 다시 출근한다. 오늘도 열심히 일을 해야 먹고 사니까. 고민은 일단 접어둔다. 그리고 직장에서 다시 일상을 반복한다.

사실 이 시대를 살아가는 우리네 모습은 어디서 어떤 일을 하고 있든 거의 비슷하다. 큰 틀에서 생각하면 다 같은 모습으로 살아간다. 만약 옆에 있는 사람과 흉금을 터놓고 이야기할 수 있다면 나와 똑같은 모습을 금세 발견할 수 있다. 다만 속내를 털어놓지 않으니 모를 뿐이다.

이 책에서는 이런 우리네 모습 중에서 함께 공유할 만한 내용을 적었다. 아무리 돈을 벌며 먹고살기가 힘들다고 해도, 그래도 내 인생이다. 내 인생은 살 만한 것이어야 한다. 그런데 이렇게 만드는 건 나의 몫이다. 백지장도 맞들면 낫다고 한다. 내 인생을 조금이라도 살맛나게 하는 팁이 있다면 서로 공유하는 게 좋다.

나는 한국과 일본에서 많은 시간을 보냈다. 그리고 두 나라에서 젊은이부터 노인에 이르기까지 많은 사람과 대화를 했다. 그런데 두 나라의 젊은이나 노인이나 고민이 비슷했다. 사람 사는 곳이라면 어디나 풍경이 비슷하다. 나는 대화를 통해서 우리 인생에는 비슷한 문제와 비슷한 해법이 있다는 것을 알았다. 처음에는 불안하고 방황하던 사람들도 나와 대화를 나누고 나면 가슴이 시원하다고 했다. 나의 해법이 너무 간단해서다.

우선 나는 약한 자라는 것을 인정해야 한다. 우리 모두는 다 약한 자다. 약한 자가 하루아침에 강한 자가 될 리가 없다. 그러니 조금씩 매일 해서 10년 동안 하겠다고 마음먹어야 한다. 그리고 매일 조금씩 한다. 낙숫물이 바위를 뚫는다. 낙숫물을 매일 떨어뜨리는 것이 중요하다. 이렇게 해서 인생의 승부를 길게 가져가야 한다. 시간이 없다고 불안해하고 조급해하면 슬럼프라는 악마가 내 마음속에서 성장하기 때문이다. 현실이 아무리 어렵더라도 마음을 다잡고 시작해야 한다.

작게 시작하고 매일 실천하는 것. 이것이 내가 생각하는 해법이다. 문제는 내 마음에 있고 해법 역시 내 마음에 있다. 여러분 모두에게 이 책이 한 번쯤 스스로의 미래를 계획해보는 계기가 되길 바란다.

카이스트 윤태성 교수가 말하는 나를 위한 다섯 가지 용기
한 번은 원하는 인생을 살아라

초판 1쇄 발행 2015년 1월 15일
초판 3쇄 발행 2015년 2월 3일

지은이 윤태성
펴낸이 김선식

경영총괄 김은영
마케팅총괄 최창규
책임편집 박지아 크로스교정 한보라 책임마케터 박현미
콘텐츠개발1팀장 류혜정 콘텐츠개발1팀 한보라, 박지아
마케팅본부 이주화, 이상혁, 최혜령, 박현미, 반여진, 이소연
경영관리팀 송현주, 권송이, 윤이경, 임해랑
외부스태프 표지·본문디자인 가필드

펴낸곳 다산북스 출판등록 2005년 12월 23일 제313-2005-00277호
주소 경기도 파주시 회동길 37-14 3, 4층
전화 02-702-1724(기획편집) 02-6217-1726(마케팅) 02-704-1724(경영관리)
팩스 02-703-2219 이메일 dasanbooks@dasanbooks.com
홈페이지 www.dasanbooks.com 블로그 blog.naver.com/dasan_books
종이 한솔피엔에스 출력·제본 현문 후가공 이지앤비 특허 제10-1081185호

© 2015, 윤태성

ISBN 979-11-306-0440-4(13320)

- 책값은 뒤표지에 있습니다.
- 파본은 구입하신 서점에서 교환해드립니다.
- 이 책은 저작권법에 의하여 보호를 받는 저작물이므로 무단 전재와 복제를 금합니다.
- 이 도서의 국립중앙도서관 출판시도서목록(CIP)은 서지정보유통지원시스템 홈페이지(http://seoji.nl.go.kr)와 국가자료공동목록시스템(http://www.nl.go.kr/kolisnet)에서 이용하실 수 있습니다. (CIP제어번호 : CIP2014036292)